诚信为本

坚持准则

操守为重

不做假账

——与学习会计的同学共勉

诚信为本

坚持准则

操守为重

不做假账

——与学习会计的同学共勉

中华会计网校
www.chinaacc.com
正保远程教育旗下品牌网站
美国纽交所上市公司(代码:DL)

普通高等教育会计专业应用型人才培养在线开放课程新形态一体化规划教材

全国会计专业技术资格考试（初级）“课证融合”系列教材

初级会计实务（第二版）习题与考前训练

■ 中华会计网校 编

高等教育出版社·北京

内容简介

本书是全国会计专业技术资格考试（初级）“课证融合”系列教材《初级会计实务》（第二版）的配套辅助用书，也是普通高等教育会计专业应用型人才培养在线开放课程新形态一体化规划教材。

本书依据2019年全国初级会计职称考试“初级会计实务”科目考试大纲，依托《初级会计实务》（第二版）主教材的内容精心编写而成。本书包括“习题训练”和“模拟试题”两部分，其中“习题训练”包括本章重点与难点、知识点结构图、典型真题分析、分节同步训练等内容，帮助读者掌握各章节的重点知识；“模拟试题”部分包括3套2019年度全国会计专业技术资格统一考试“初级会计实务”的全真模拟试题，可以帮助考生进行全真考前模拟训练，提升应考能力。

本书可作为高等职业院校、应用型本科院校及本科院校举办的二级职业教育学院会计专业和相关专业的教材，还可以作为初级会计职称考试“初级会计实务”科目主要的备考辅导教材。

本书提供参考答案等相关教学资源，可通过扫描书中二维码获取参考答案，也可登录“智慧职教”（www.icve.com.cn）平台，进入“初级会计实务”在线开放课程进行学习，详见“郑重声明”页的资源服务提示。

图书在版编目（CIP）数据

初级会计实务（第二版）习题与考前训练 / 中华会计网校编. -- 北京 : 高等教育出版社, 2019.2
ISBN 978-7-04-051351-6

Ⅰ. ①初… Ⅱ. ①中… Ⅲ. ①会计实务－资格考试－习题集 Ⅳ. ①F233-44

中国版本图书馆CIP数据核字(2019)第024409号

初级会计实务（第二版）习题与考前训练
CHUJI KUAIJI SHIWU（DI ERBAN）XITI YU KAOQIAN XUNLIAN

策划编辑 武君红　　责任编辑 贾玉婷　　封面设计 杨立新　　版式设计 童 丹
插图绘制 李沛蓉　　责任校对 窦丽娜　　责任印制 毛斯璐

出版发行	高等教育出版社	咨询电话	400-810-0598
社　　址	北京市西城区德外大街4号	网　　址	http://www.hep.edu.cn
邮政编码	100120		http://www.hep.com.cn
印　　刷	三河市骏杰印刷有限公司	网上订购	http://www.hepmall.com.cn
开　　本	787mm×1092mm　1/16		http://www.hepmall.com
印　　张	10.75		http://www.hepmall.cn
字　　数	230千字	版　　次	2019年2月第1版
插　　页	1	印　　次	2019年2月第1次印刷
购书热线	010-58581118	定　　价	23.30元

物 料 号　51351-00

总　　序

我国高等教育正处于转型、转轨时期，在经过十余年的扩招后，我国大学的毛入学率已经有了大幅提升，接近一些发达国家的水平。但是我国的人才培养机制与市场需求结构却存在严重背离。具体的体现是：一方面，传统的课堂教育方式下，我国培养的大学生大多理论知识掌握得较为全面，而实践操作能力较弱；另一方面，随着云计算、大数据、物联网、移动计算等新技术不断发展，很多企业的运营模式发生了重大变化。新行业不断出现，老行业也通过“互联网 +”不断创新：发票电子化、会计核算信息化、财务报表实时动态化等已成为趋势，而目前的人才培养滞后于时代发展，不能适应我国建设创新型国家的需要。

《国务院关于加快发展现代职业教育的决定》中，明确要求高等职业教育规模占高等教育的一半以上，采取试点推动、示范引领等方式，引导一批普通本科高等学校向应用技术类型高等学校转型，重点举办本科职业教育。我们要借鉴德国的职业教育培养模式，把工厂建在学校里，把学校建在工厂里，要开门办学，把企业的用人标准作为人才的培养标准。另外，教育技术的发展，也为人才培养方式的多样化提供了更多的可能性。习近平主席在致首届国际教育信息化大会的贺信中提出，要“积极推动信息技术与教育融合创新发展”“坚持不懈推进教育信息化，努力以信息化为手段扩大优质教育资源覆盖面”。教育部也印发了《教育信息化“十三五”规划》，教育信息化已经成为今后工作的目标、方向和途径。

在这个大背景下，高校的教育理念和教师的执教能力都面临着重大考验，高校、高校教师，乃至高校学生，都需要转变思想，适应国家教育改革的新精神、新理念。只有摒弃旧有模式和理念，进行脱胎换骨变革的高校，才能最终适应这个时代。

会计教育在此转型期同样面临这一挑战。会计的教学若要契合时代的要求，适应“互联网 +”时代的特点，就要在各方面进行全方位的改革。这种改革不仅体现在教学上，也体现在教材上。一套好的教材是支撑教学的基础，教学的改革其实是以教材的改革为先导的。我们目前的教材大多拘泥于固有理念，内容上比较陈旧，形式上也并没有适应移动互联时代学习的碎片化、信息化和立体化的特征，远远不能满足时代的需求。教材的改革没有突破，很大程度上阻碍了我国会计教学的突破。

作为国内大型的会计远程教育教学机构，中华会计网校（www.chinaacc.com）联合高等教育出版社推出的“普通高等教育会计专业应用型人才培养规划教材”，打破了固有的教材模式，充分体现了“互联网 +”时代的特征。该套教材以及时反映新时代的业务内容、课证融合、突出理论与实践相结合、结合知识点设计立体化资源等为特色。读者在学习这套教材时，既能满足学历教育系统知识学习的需求，又能满足初级会计专业技术资格考试需求；既突出理论学习，又满足实践学习要求。这套书还设置了“边学边思”“技能微课”和“开心一扫”等栏目，通过二维码链接各类教学资源，让知识像水一样“活起来、动起来”，让学习变得不再枯燥和乏味。根据这套教材的内容，中华会计网校搭建了高校一体化教学平台，并根据现代人的信息获取习惯开发了“掌上高校”手机应用，不仅提供丰富的视频课程、备课教案、案例题库、实训资源等内容，还运用数据分析技术，提供学习效果分析，并根据不同人的学习习惯和学习效果，推送个性化的学习内容。

很多初次接触会计的读者都曾却步于会计学习的不够生动，这套教材，尤其是配合学习平台的使用，可能会让你们有另一种体验。值此“普通高等教育会计专业应用型人才培养规划教材”出版之际，我将它隆重推荐给初入会计门槛的读者，希望对你们的学习和工作有所裨益！

2018年12月

前　言

本书是全国会计专业技术资格考试（初级）“课证融合”系列教材《初级会计实务》（第二版）的配套辅助用书，也是普通高等教育会计专业应用型人才培养在线开放课程新形态一体化规划教材。

“初级会计实务”课程是财政部规定的全国会计专业技术初级资格考试（以下简称初级资格考试）的必考科目。为配合学生学习本课程，顺利通过初级资格考试，本书依据主教材《初级会计实务》（第二版）的内容编写而成。为方便读者更快捷地了解 2019 年“初级会计实务”大纲变化，提高学习针对性及考试通过率，编者特邀中华会计网校名师对教材各章重大变化进行解读。

“初级会计实务”
考情分析

本书包括“习题训练”和“模拟试题”两部分。“习题训练”包括本章重点与难点、知识点结构图、典型真题分析、同步训练等内容，帮助读者掌握各章节的重点知识。目前，初级资格考试采用无纸化、计算机自动评分的方式，考试题型包括单项选择题、多项选择题、判断题和不定项选择题，为此，“模拟试题”部分将课程所涉及的内容全部以客观题的形式设计编写。希望能在帮助考生学习和理解本课程内容的同时，助力学生通过初级资格考试，顺利取得初级会计师资格证。“习题训练”和“模拟试题”的参考答案以二维码的形式体现在书中，读者可用移动终端扫描二维码查看答案。

在本书编写与出版过程中，我们尽量做到精益求精，但由于水平和时间有限，书中难免存在错误与不足之处，希望读者批评指正。

感谢您选用《初级会计实务》（第二版）及《初级会计实务（第二版）习题与考前训练》，您学习上的成功就是我们最大的幸福！

编　者

2018 年 12 月

目　录

第一部分　习题训练

第二部分 模拟试题

第一部分　习题训练

第一章　会计概述

本章重点与难点

1. 会计基本假设、会计基础、会计信息质量要求的内容。
2. 借贷记账法的记账规则、账户对应关系、会计分录及试算平衡。
3. 会计凭证、会计账簿及账务处理程序。

知识点结构图

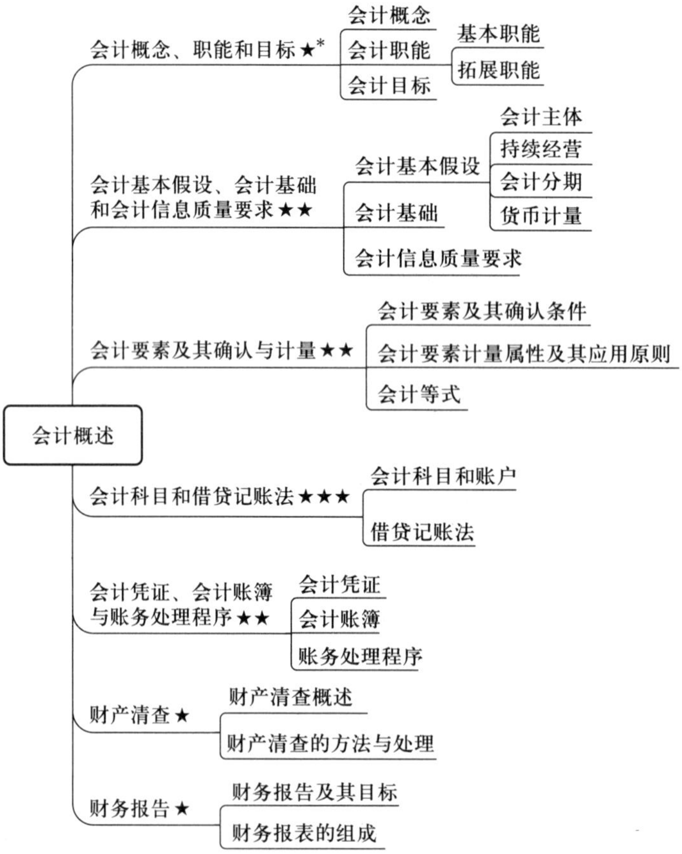

* 本书用“★”来表示各知识点的重要程度。★一般重要，★★比较重要，★★★非常重要。

▶ 第一节 会计概念、职能和目标

▶【典型真题分析】

单项选择题

【2018 年】下列各项中，关于会计职能的表述正确的有（ ）。

A. 核算职能是监督职能的基础

B. 核算与监督是基本职能

C. 监督职能是核算职能的保障

D. 预测经济前景、参与经济决策和评价经营业绩是拓展职能

【答案】ABCD

▶【同步训练】

一、单项选择题

1. 下列各项中，属于会计核算最终环节的是（ ）。

A. 确认　　B. 计量　　C. 记录　　D. 报告

2. 下列不属于会计核算的主要内容的是（ ）。

A. 预测经济前景、参与经济决策、评价经营业绩

B. 款项和有价证券的收付

C. 财务的收发、增减和使用

D. 债权、债务的发生和结算

3. 会计人员在进行会计核算的同时，对特定主体经济活动和相关会计核算的真实性、合法性、合理性进行审查称为（ ）。

A. 会计反映职能　　B. 会计核算职能

C. 会计监督职能　　D. 会计分析职能

4. 会计目标要求会计信息应能充分反映（ ）受托责任的履行情况，帮助财务报告使用者作出经济决策。

A. 上级部门　　B. 企业管理层

C. 企业财务人员　　D. 企业各部门

二、多项选择题

1. 会计核算的环节包括（ ）。

A. 确认　　B. 计量　　C. 预测　　D. 报告

2. 下列关于会计核算和会计监督关系的表述，正确的有（ ）。

A. 两者之间密切相关，相辅相成，辩证统一

B. 会计核算是会计监督的前提

C. 会计监督是会计核算的保障

D. 会计监督与会计核算各自独立，没有关系

3. 下列各项中，属于会计职能的有（　　）。

A. 预测经济前景　　B. 参与经济决策

C. 评价经营业绩　　D. 实施会计监督

4. 下列选项中，对于会计目标的表述正确的有（　　）。

A. 反映企业管理层受托责任履行情况

B. 有助于财务会计报告使用者作出经济决策

C. 向财务会计报告使用者提供与企业财务状况、经营成果和现金流量等有关的会计信息

D. 避免偷税漏税

三、判断题

1. 会计工作就是围绕着会计要素的核算、确认和财务报告展开的。（　）

2. 会计按照提供的预测信息和既定目标，在多个备选方案中帮助主管人员选择最佳方案的过程属于预测经济前景职能。（　）

3. 会计具有核算与监督两项基本职能和预测经济前景、参与经济决策、审计经营业绩等拓展职能。（　）

4. 我国财务报告的目标是向财务报告使用者提供决策有用的信息，并反映企业管理层受托责任的履行情况。（　）

同步训练
答案及分析

第二节　会计基本假设、会计基础和会计信息质量要求

【典型真题分析】

一、单项选择题

【2018年】下列各项中，属于会计信息质量要求中谨慎性要求的是（　　）。

A. 同一企业在不同时期的相同或相似事项要采用相同的会计政策，不得随意变更

B. 企业要以实际发生的经济业务或者事项为依据进行会计核算

C. 计提应收账款坏账准备

D. 融资租入的固定资产作为企业的自有资产处理

【答案】C

【分析】选项A，属于可比性要求；选项B，属于可靠性要求；选项D，属于实质重于形式要求。

二、多项选择题

【2018 年】下列各项中，关于企业会计信息可靠性表述正确的有（　　）。

A. 企业应当保持应有的谨慎，不高估资产或者收益、低估负债或费用

B. 企业提供的会计信息应当相互可比

C. 企业应当保证会计信息真实可靠、内容完整

D. 企业应当以实际发生的交易或事项为依据进行确认、计量和报告

【答案】CD

【分析】选项 A，属于会计信息谨慎性原则；选项 B，属于会计信息可比性原则。

▶【同步训练】

一、单项选择题

1. 在可预见的未来，会计主体不会破产清算，所持有的资产将正常营运，所负有的债务将正常偿还，这属于（　　）。

A. 货币计量假设　　B. 会计分期假设

C. 持续经营假设　　D. 会计主体假设

2. 会计主体在会计确认、计量和报告时以货币作为计量尺度，反映会计主体的经济活动，指的会计基本假设是（　　）。

A. 持续经营　　B. 货币计量

C. 实物计量　　D. 劳动计量

3. 某企业 2018 年 12 月份销售商品收到货款 1 000 万元，已售出商品未收到的货款 400 万元，则该企业 12 月份商品销售收入为（　　）万元。

A. 1 000　　B. 1 300　　C. 1 400　　D. 1 700

4. 某企业 2018 年 12 月份发生下列支出：① 年初支付本年度保险费 2 400 元，本月摊销 200 元；② 支付下年第一季度房屋租金 3 000 元；③ 支付本月办公开支 800 元。按照权责发生制要求，本月应负担的费用为（　　）元。

A. 1 000　　B. 800　　C. 3 200　　D. 3 000

5. 对某一会计事项有多种不同方法可供选择时，应尽可能选择可以避免虚增企业利润的会计处理方法，这样做所遵循的原则是（　　）。

A. 重要性原则　　B. 谨慎性原则

C. 权责发生制原则　　D. 配比原则

二、多项选择题

1. 下列各项中，可以作为会计主体的有（　　）。

A. 一个社会团体　　B. 一个企业

C. 一个学校　　D. 一个医院

2. 下列各项中，说法正确的有（　　）。

A. 会计人员只能核算和监督所在主体的经济业务，不能核算和监督其他主体的经济业务

B. 会计主体可以是企业中的一个特定部分，也可以是几个企业组成的企业集团
C. 会计主体假设界定了从事会计工作和提供会计信息的时间范围
D. 会计主体假设界定了从事会计工作和提供会计信息的空间范围

3. 目前，我国政府会计可采用的会计基础有（　　）。
A. 持续经营　　B. 权责发生制
C. 货币计量　　D. 收付实现制

三、判断题

1. 会计主体假设明确界定了从事会计工作和提供会计信息的空间范围。（　　）
2. 持续经营是指会计主体将会按当前的规模和状态一直持续经营下去，不会停业、破产清算，也不会大规模削减业务。（　　）
3. 企业会计分期是指将一个企业持续经营的经济活动划分为一个个连续的、长短相同的期间，以便分期结算账目和编制财务会计报告。（　　）
4. 权责发生制属于会计基本假设之一。（　　）
5. 可理解性要求企业的会计信息应当清晰明了、简明扼要，数据记录和文字说明能一目了然地反映出经济活动的来龙去脉，便于财务会计报告使用者理解和使用。（　　）
6. 交易或事项的经济实质如果存在与其法律形式明显不一致的情形，会计信息应根据其法律形式进行反映。（　　）

同步训练
答案及分析

第三节　会计要素及其确认与计量

【典型真题分析】

一、单项选择题

1.【2018年】下列各项中，企业确认盘盈固定资产初始入账价值所采用的会计计量属性是（　　）。
A. 可变现净值　　B. 重置成本
C. 现值　　D. 公允价值

【答案】B

【分析】盘盈的固定资产，应按重置成本确定其入账价值，借记“固定资产”账户，贷记“以前年度损益调整”账户。

2.【2018年】将无力支付的商业承兑票据转为企业的应付账款，对会计等式的影响是（　　）。
A. 一项资产减少一项负债减少　　B. 一项负债减少一项所有者权益减少

C. 一项资产增加一项负债增加　　D. 一项负债增加一项负债减少

【答案】D

【分析】应付票据和应付账款都为企业的负债，所以为一项负债的增加一项负债的减少。

二、多项选择题

1.【2018 年】下列各项中，引起企业资产总额增加的经济业务有（　　）。

A. 以银行存款偿还前欠货款

B. 收到投资者投入的设备

C. 收回异地采购外埠存款专户结余款项

D. 从银行借入短期借款

【答案】BD

【分析】选项 A，资产减少，负债减少，资产总额减少；选项 B，资产增加，所有者权益增加，资产总额增加；选项 C，资产内部一增一减，总额不变；选项 D，资产增加，负债增加，资产总额增加。

2.【2018 年】下列各项中，引起企业资产和负债要素同时发生增减变动的经济业务有（　　）。

A. 收到股东投资款　　B. 以盈余公积转增股本

C. 从银行借入短期借款　　D. 以银行存款归还前欠货款

【答案】CD

【分析】选项 A，资产增加，所有者权益增加；选项 B，所有者权益内部一增一减；选项 C，资产增加，负债增加；选项 D，资产减少，负债减少。

三、判断题

1.【2018 年】公允价值，是指市场参与者在计量日发生的有序交易中，出售一项资产所能收到或者转移一项负债所需支付的价格。（　　）

【答案】√

2.【2018 年】重置成本是指按照当前市场条件，重新取得同样一项资产所需支付的现金或现金等价物金额。（　　）

【答案】√

▶【同步训练】

一、单项选择题

1. 不属于资产基本特征的是（　　）。

A. 由过去的交易或者事项形成的　　B. 企业拥有或者控制的

C. 企业将来要清偿的义务　　D. 未来能够为企业带来经济利益

2. 下列不属于所有者权益的是（　　）。

A. 实收资本　　B. 其他业务收入

C. 盈余公积　　D. 未分配利润

3. 下列各项中，符合会计要素中收入定义的是（　　）。

A. 出售材料收入　　B. 出售无形资产收入

C. 出售固定资产收入　　D. 向购货方收回的销货代垫运费

4. 下列各项中，（　　）不应确认为费用。

A. 广告宣传费　　B. 报废固定资产净损失

C. 管理费用　　D. 财务费用

二、多项选择题

1. 下列各项中，应确认为企业资产的有（　　）。

A. 购入的无形资产　　B. 已霉烂变质无使用价值的存货

C. 融资性租入的固定资产　　D. 计划在下个月购进的材料

2. 下列关于负债的表述中，正确的有（　　）。

A. 负债的清偿预期会导致经济利益流出企业

B. 负债是企业承担的过去的义务

C. 负债是企业过去的交易或事项形成的

D. 企业将在未来发生的承诺不形成负债

3. 所有者权益的构成内容通常包括（　　）等项目。

A. 资本公积　　B. 盈余公积

C. 实收资本　　D. 未分配利润

4. 下列各项中，影响利润金额计量的有（　　）。

A. 资产　　B. 收入

C. 费用　　D. 直接计入当期利润的利得或损失

5. 下列关于会计要素的计量，表述正确的有（　　）。

A. 会计计量属性主要包括历史成本、重置成本、可变现净值、现值和公允价值

B. 重置成本是指按照当前市场条件，重新取得同样一项资产所需支付的现金或现金等价物金额

C. 在历史成本计量下，资产按照其购置时支付的现金或现金等价物的金额，或者按照购置资产时所付出的对价的公允价值计量

D. 可变现净值，是指在正常生产经营过程中，以预计售价减去进一步加工成本和预计销售费用以及相关税费后的净值

三、判断题

1. 对于某一项财产，要成为企业的资产，其所有权必须属于企业。（　　）

2. 企业可以通过承诺新的负债或转化为所有者权益来了结一项现有的负债。（　　）

3. 一项由过去的交易或事项形成的现时义务，如果有确凿证据表明，与现时义务有关的经济利益很可能流出企业，并且流出的经济利益的金额能够可靠计量，就应当将其作为负债予以确认。（　　）

4. 所有者权益的来源包括所有者投入的资本、其他综合收益、留存收益等。 （ ）

5. 企业接受的捐赠应计入当期的收入。 （ ）

6. 企业行政管理部门领用材料，价值 3 000 元，这 3 000 元材料费应确认为企业的费用。 （ ）

7. 企业采用重置成本、可变现净值、现值和公允价值计量的，应当保证所确定的会计要素金额能够持续取得并可靠计量。 （ ）

同步训练
答案及分析

▶ 第四节 会计科目和借贷记账法

▶【典型真题分析】

一、单项选择题

【2018 年】2017 年 8 月 31 日，某企业负债总额为 500 万元，9 月份收回应收账款 60 万元，以银行存款归还短期借款 40 万元，预收客户货款 20 万元。不考虑其他因素，2017 年 9 月 30 日该企业负债总额为（ ）万元。

A. 440　　B. 480　　C. 460　　D. 380

【答案】B

【分析】收回应收账款：

借：银行存款　60

　　贷：应收账款　60

不涉及负债科目。

归还短期借款：

借：短期借款　40

　　贷：银行存款　40

短期借款减少 40 万元，即负债减少 40 万元。

预收客户货款：

借：银行存款　20

　　贷：预收账款　20

预收账款增加 20 万元，即负债增加 20 万元。

月末负债总额 = 期初负债余额 + 本期贷方发生额 − 本期借方发生额 = 500 + 20 − 40 = 480（万元）。

二、多项选择题

【2018 年】下列各项中，通过编制试算平衡表无法发现的记账错误有（ ）。

A. 记录某项经济业务的借、贷方向颠倒
B. 某项经济业务借方金额多记、贷方金额少记
C. 漏记某项经济业务
D. 重记某项经济业务

【答案】ACD

【分析】选项B，会导致借贷方合计金额不相等，可以发现记账错误。

三、判断题

【2018年】在借贷记账法下，企业为检查账户记录是否正确，可以采取发生额试算平衡和余额试算平衡两种计算平衡方法。（ ）

【答案】√

▶【同步训练】

一、单项选择题

1. 下列属于对会计要素的具体内容进行分类核算的项目是（ ）。
A. 会计对象　　B. 会计科目
C. 会计账户　　D. 明细分类账
2. 会计科目分为总分类科目和明细分类科目的分类标准是其所（ ）不同。
A. 反映的会计对象　　B. 归属的会计要素
C. 提供信息的详细程度及其统驭关系　　D. 反映的经济业务
3. 某企业设置了“原材料——燃料——焦炭”会计科目，在此科目中，“燃料”属于（ ）。
A. 总分类科目　　B. 二级明细科目
C. 一级明细科目　　D. 三级明细科目
4. 下列各项中，不属于损益类账户的是（ ）。
A. “制造费用”账户　　B. “销售费用”账户
C. “投资收益”账户　　D. “其他业务成本”账户
5. 借贷记账法是一种复式记账法，记账符号为（ ）。
A. “借”和“贷”　　B. “增”和“减”
C. “收”和“付”　　D. 会计科目
6. 我国《企业会计准则——基本准则》中明确规定，企业应当采用的记账方法是（ ）。
A. 借贷记账法　　B. 收付记账法
C. 增减记账法　　D. 单式记账法
7. 对于同一个账户而言，金额要素之间的关系为（ ）。
A. 期末余额＝期初余额＋本期增加发生额－本期减少发生额
B. 期末余额＝本期增加发生额－本期减少发生额
C. 期末余额＝期初余额
D. 期末余额＝期初余额＋本期减少发生额＋本期增加发生额

8. 甲公司月末编制的试算平衡表中，全部账户的本月借方发生额合计为136万元，除“实收资本”账户以外的账户本月贷方发生额合计为120万元，则“实收资本”账户（　　）。

A. 本月贷方发生额为16万元　　B. 本月借方发生额为16万元

C. 本月借方余额为16万元　　D. 本月贷方余额为16万元

二、多项选择题

1. 下列选项中，（　　）属于总账科目。

A. 应收账款　　B. 交易性金融资产

C. 应交所得税　　D. 固定资产

2. 在借贷记账法下，下列选项中，在会计科目借方登记的内容有（　　）。

A. 资产的增加　　B. 所有者权益的增加

C. 负债的减少　　D. 成本的增加

三、判断题

1. 会计科目是对会计对象的基本分类。（　　）
2. 账户是根据会计要素设置的，具有一定的格式和结构。（　　）
3. 复式记账法是指对于发生的每一项经济业务，都要以相等的金额在两个相互联系的账户中进行登记的一种记账方法。（　　）
4. 成本类账户期末一般无余额。（　　）
5. 在借贷记账法下，所有者权益类账户与成本类账户的结构相同。（　　）
6. 试算平衡表中一般应设置“期初余额”和“期末余额”两大栏目，其下分设“借方”和“贷方”两个小栏。（　　）

同步训练
答案及分析

第五节　会计凭证、会计账簿与账务处理程序

【典型真题分析】

一、单项选择题

1.【2018年】下列各项中，对于金额有错误的原始凭证处理方法正确的是（　　）。

A. 由出具单位在凭证上更正并加盖出具单位公章

B. 由出具单位在凭证上更正并由经办人员签名

C. 由出具单位在凭证上更正并由单位负责人签名

D. 由出具单位重新开具凭证

【答案】D

【分析】原始凭证金额有错误的，应当由出具单位重开，不得在原始凭证上更正。

2.【2018年】下列各项中，属于企业累计原始凭证的是（　　）。

A. 增值税专用发票　　B. 出差报销的火车票

C. 银行结算凭证　　D. 限额领料单

【答案】D

【分析】累计凭证，是指在一定时期内多次记录发生的同类型经济业务且多次有效的原始凭证，如限额领料单。选项ABC，属于一次原始凭证。

二、多项选择题

1.【2018年改】下列各项中，属于原始凭证应当具备的基本内容的有（　　）。

A. 填制凭证的日期　　B. 经济业务内容

C. 经办人员签名或盖章　　D. 记账符号

【答案】ABC

【分析】原始凭证应当具备以下基本内容（也称为原始凭证要素）：① 凭证的名称；② 填制凭证的日期；③ 填制凭证单位名称和填制人姓名；④ 经办人员的签名或者盖章；⑤ 接受凭证单位名称；⑥ 经济业务内容；⑦ 数量、单价和金额。

2.【2018年】下列属于外来原始凭证的有（　　）。

A. 采购原材料收到的增值税发票　　B. 业务员出差的住宿发票

C. 采购原材料的入库单　　D. 销售商品收到的银行汇票

【答案】ABD

【分析】选项C，属于自制原始凭证。

▶【同步训练】

一、单项选择题

1. 折旧计算表属于（　　）。

A. 外来原始凭证　　B. 自制原始凭证

C. 收款凭证　　D. 付款凭证

2. 原始凭证分为通用凭证和专用凭证是按（　　）不同分类。

A. 编制程序和用途　　B. 来源

C. 填制手续和内容　　D. 格式

3. “工资结算汇总表”是一种（　　）。

A. 一次凭证　　B. 累计凭证

C. 汇总凭证　　D. 复式凭证

4. 下列不属于原始凭证基本内容的是（　　）。

A. 填制凭证单位名称　　B. 数量、单价和金额

C. 接受凭证单位名称　　D. 记账标记

5. 下列不属于原始凭证审核内容的是（　　）。

A. 凭证是否有填制单位的公章和填制人员签章

B. 凭证是否符合规定的审查程序

C. 凭证是否符合计划、预算和合同等规定

D. 会计科目使用是否正确

6. 对于“企业赊购一批原材料，已经验收入库”的经济业务，应当编制（　　）。

A. 收款凭证　　B. 付款凭证

C. 转账凭证　　D. 付款凭证或转账凭证

7. 为了分清会计事项处理的先后顺序，便于记账凭证与会计账簿之间的核对，确保记账凭证的完整无缺，填制记账凭证时，应当（　　）。

A. 依据真实　　B. 日期正确

C. 连续编号　　D. 简明扼要

8. 关于会计凭证的保管，下列说法不正确的是（　　）。

A. 会计凭证应定期装订成册，防止散失

B. 会计主管人员和保管人员应在会计凭证封面上签章

C. 原始凭证不得外借，其他单位如有特殊原因确实需要使用时，经本单位会计机构负责人（会计主管人员）批准，可以复印

D. 经单位领导批准，会计凭证在保管期满前可以销毁

9. 下列各项错误，应当用补充登记法予以更正的是（　　）。

A. 账簿记录中，将 2 150 元误记为 2 510 元，而对应的记账凭证无误

B. 企业从银行提取现金 3 000 元，在填制记账凭证时，误将其金额写为 8 000 元，并已登记入账

C. 接受外单位投入资金 180 000 元，已存入银行，在填制记账凭证时，误将其金额写为 150 000 元，并已登记入账

D. 企业支付广告费 9 000 元，在填制记账凭证时，误借记“管理费用”账户，并已登记入账

10. 汇总记账凭证账务处理程序的特点是根据汇总记账凭证登记（　　）。

A. 日记账和明细分类账　　B. 总分类账和明细分类账

C. 总分类账　　D. 明细分类账

二、多项选择题

1. 下列原始凭证中，属于单位自制原始凭证的有（　　）。

A. 收料单　　B. 限额领料单

C. 产品入库单　　D. 领料单

2. 下列原始凭证中属于专用凭证的有（　　）。

A. 差旅费报销单　　B. 折旧计算表

C. 车票　　D. 工资费用分配表

3. 下列属于一次凭证的有（　　）。

A. 收料单　　B. 领料单

C. 限额领料单　　D. 发料凭证汇总表

4. 原始凭证的基本内容包括原始凭证的名称、接受凭证单位名称、数量、单价和金额，以及（　　）等。

A. 经办人员的签名或盖章　　B. 填制凭证的日期

C. 经济业务的内容　　D. 填制凭证单位名称和填制人姓名

5. 审核原始凭证的合法性包括审核原始凭证所记录的经济业务（　　）。

A. 是否违反国家法律法规

B. 是否履行了规定的凭证传递和审核程序

C. 原始凭证各项金额的计算及填写是否正确

D. 是否符合有关的计划、预算和合同等规定

6. 下列属于记账凭证审核内容的有（　　）。

A. 业务是否合法

B. 记账凭证的金额与所附原始凭证的金额是否一致

C. 业务是否符合有关计划、预算和合同等规定

D. 会计科目、借贷方向使用是否正确

三、判断题

1. 外来原始凭证是指企业财会部门从外单位取得的原始凭证。（　　）

2. 由中国人民银行统一制作的支票、商业汇票等结算凭证属于专用凭证。（　　）

3. 汇总凭证可以将所有的经济业务汇总填列在一张汇总原始凭证上。（　　）

4. 从外单位取得的原始凭证，必须盖有本单位的公章；对外开出的原始凭证，也必须加盖本单位公章。（　　）

5. 通用原始凭证不需要审核。（　　）

6. 单位购入材料 48 000 元，货款以银行存款支付 40 000 元，其余 8 000 元暂欠，该笔业务应编制一张转账凭证。（　　）

7. 记账凭证填制完成后，如有空行，应当在空行处划线注销，加盖作废的戳记。（　　）

8. 对于记账凭证的审核，需要审核记账凭证是否有原始凭证为依据，特殊情况下所附原始凭证的内容可以与记账凭证不一致。（　　）

9. 记账凭证是否附有原始凭证，以及其所附原始凭证的张数是否相符，是审核记账凭证的一项重要内容。（　　）

10. 记账凭证所附的原始凭证数量过多，可以单独装订保管，但应在其封面及有关记账凭证上加注说明。（　　）

11. 三栏式明细分类账是设有数量、单价和金额三个栏目，用以分类核算各项经济业务，提供详细核算资料的账簿。（　　）

同步训练
答案及分析

▶ 第六节 财产清查

▶【典型真题分析】

多项选择题

1.【2018 年】下列各项中,企业必须进行财产全面清查的有( )。

A. 股份制改造　　B. 单位改变隶属关系

C. 单位主要领导人离任交接前　　D. 清产核资

【答案】ABCD

【分析】全面清查,是指对所有的财产进行全面的盘点和核对。需要进行全面清查的情况通常有:① 年终决算前;② 在合并、撤销或改变隶属关系前;③ 中外合资、国内合资前;④ 股份制改造前;⑤ 开展全面的资产评估、清产核资前;⑥ 单位主要领导调离工作前等。

2.【2018 年】下列各项中,采用发函询证方法进行财产清查的有( )。

A. 应收账款　　B. 预付账款

C. 银行存款　　D. 存货

【答案】AB

【分析】选项 C 采用与开户银行核对账目的方法。选项 D 采用实地盘点法。

▶【同步训练】

一、单项选择题

1. 一般来说,在企业进行清产核资时,应对财产进行( )。

A. 全面清查　　B. 局部清查

C. 实地盘点　　D. 定期清查

2. 一般来说,单位撤销、合并、改变隶属关系时,要进行( )。

A. 全面清查　　B. 局部清查

C. 实地盘点　　D. 技术推算

3. ( )是用以调整财产物资账簿记录的重要原始凭证。

A. 往来款项询证函　　B. 实存账存对比表

C. 银行对账单　　D. 银行存款余额调节表

4. 对往来款项进行清查,应该采用的方法是( )。

A. 技术推算法　　B. 与银行核对账目法

C. 实地盘存法　　D. 发函询证法

5. 企业进行盘点,发现账实不符。下列会计处理中,正确的是( )。

A. 直接作损益处理　　B. 先调整账面结存数

C. 不作任何调整，继续查明原因　　D. 按账面数进行调整

二、多项选择题

1. 全面清查是指对企业的全部财产进行盘点和核对，包括属于本单位或存放在本单位的所有财产物资、货币资金和往来款项。其中财产物资包括（　　）。

   A. 在本单位的所有固定资产、库存商品、原材料、包装物、低值易耗品、在产品等

   B. 属于本单位但在途中的各种在途物资

   C. 委托其他单位加工、保管的材料物资

   D. 存放在本单位的代销商品、材料物资等

2. 以下关于财产清查分类的表述正确的有（　　）。

   A. 按清查的范围分为全面清查和局部清查

   B. 按清查的时间分为全面清查和局部清查

   C. 按清查的范围分为定期清查和不定期清查

   D. 按清查的时间分为定期清查和不定期清查

3. 银行存款的清查步骤有（　　）。

   A. 将本单位银行存款日记账与银行对账单逐日逐笔核对，凡双方都有记录的，用铅笔在金额旁打上记号"√"

   B. 找出未标记"√"的未达账项

   C. 将日记账和对账单的月末余额及未达账项填入"银行存款余额调节表"，计算调整后的余额

   D. 调整平衡的"银行存款余额调节表"，经主管会计签章后，呈报开户银行

4. 下列属于实物资产的有（　　）。

   A. 原材料　　B. 低值易耗品

   C. 机器设备　　D. 房屋建筑

三、判断题

1. 更换出纳人员时，应进行全面清查。（　　）
2. 财产清查中，对于银行存款至少每月与银行核对一次。（　　）
3. 为了明确经济责任，实物清查过程中，实物保管人员和盘点人员必须同时在场。对于盘点结果，应如实登记盘存单，并由盘点人员和实物保管人员共同签章。（　　）
4. 实存账存对比表和往来款项清查报告单都是调整账簿记录的原始凭证。（　　）

同步训练
答案及分析

第七节　财务报告

【典型真题分析】

暂无典型真题。

【同步训练】

一、单项选择题

1. 下列各项中，属于企业对外提供的反映企业某一特定日期财务状况和某一会计期间经营成果、现金流量情况的书面文件是（　　）。

A. 资产负债表　　B. 利润表

C. 报表附注　　D. 财务报告

2. 以下不属于财务报表的是（　　）。

A. 资产负债表　　B. 利润表

C. 所有者权益变动表　　D. 试算平衡表

3. 下列关于财务报告的表述错误的是（　　）。

A. 向单位的有关各方提供全面、系统的财务会计信息

B. 其信息的使用者包括出资人、债权人、监管机构、银行和税务机关等

C. 帮助信息使用者了解该经济单位管理层受托责任的履行情况

D. 为保证会计报告的及时性，可以先编制报表，然后再进行账账核对、账实核对

二、多项选择题

下列各项中，属于企业财务报表可以提供的信息有（　　）。

A. 财务状况　　B. 经营成果

C. 劳动状况　　D. 现金流量

同步训练
答案及分析

第二章 资 产

本章重点与难点

1. 货币资金、应收及预付款项的确认和计量。
2. 存货、固定资产、无形资产的确认和计量。
3. 交易性金融资产的确认和计量。

知识点结构图

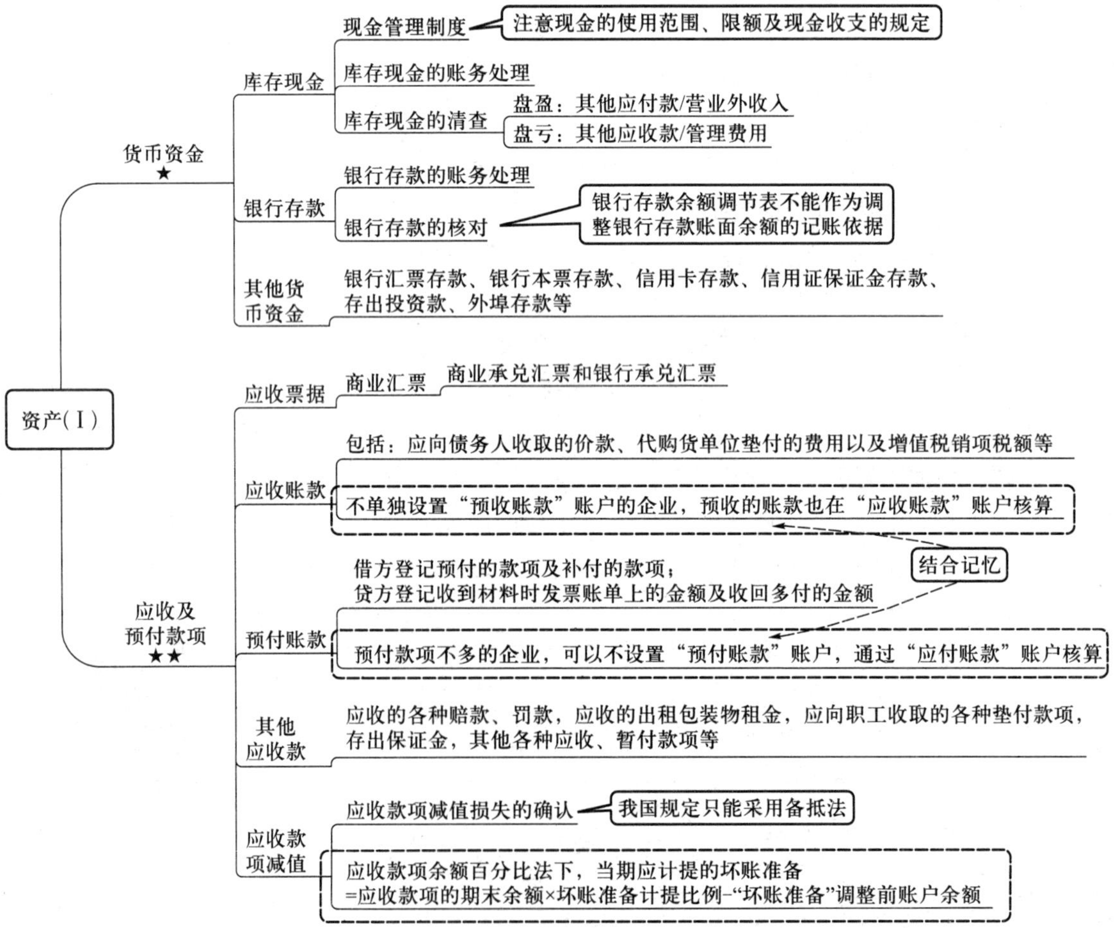

- 资产(Ⅰ)
  - 存货 ★★
    - 包括各类材料、在产品、半成品、产成品、商品以及包装物、低值易耗品、委托代销商品等
    - 存货的成本包括采购成本、加工成本和其他成本 ——存货按照成本进行初始计量
    - 发出存货的计价方法：个别计价法、先进先出法、月末一次加权平均法和移动加权平均法等
    - 原材料采用实际成本核算和计划成本核算时，会计账户的设置和账务处理
    - 包装物、低值易耗品和委托加工物资的账务处理 ——委托加工物资收回时分为连续生产和直接销售，注意消费税的处理
    - 商品流通企业库存商品核算方法：毛利率法、售价金额核算法等
    - 存货的清查
      - 盘盈：冲减管理费用
      - 盘亏：原材料/管理费用/其他应收款/营业外支出
    - 存货减值
      - 借：资产减值损失
        贷：存货跌价准备
      - 减值因素消失，可以转回 ——在原已计提的存货跌价准备金额内转回，计入当期损益
  - 交易性金融资产 ★★★
    - 企业为了近期内出售而持有的金融资产
    - 取得时：发生的交易费用计入投资收益 ——注意交易费用的处理
    - 持有期间：公允价值发生变动，计入公允价值变动损益
    - 出售时：将出售时的公允价值与其账面余额之间的差额计入投资收益

- 资产(Ⅱ)
  - 固定资产 ★★★
    - 为生产商品、提供劳务、出租或经营管理而持有，使用寿命超过一个会计年度的有形资产
    - 取得
      - 外购、建造 ——注意不同取得方式的账务处理
    - 折旧
      - 当月增加，下月开始计提折旧；当月减少，照提折旧
      - 方法：年限平均法(直线法)、工作量法、双倍余额递减法、年数总和法
      - 借：制造费用/管理费用/销售费用/其他业务成本等
        贷：累计折旧
    - 后续支出
      - 可资本化的后续支出：在建工程
      - 不可资本化的后续支出(费用化)
        - 生产车间、行政管理部门：计入管理费用
        - 专设销售机构：销售费用
    - 处置：通过固定资产清理核算，报废净损益结转到营业外收入或营业外支出，正常处置净损益结转到“资产处置损益”
    - 清查
      - 盘盈：以前年度损益调整
      - 盘亏：其他应收款/营业外支出
    - 减值
      - 借：资产减值损失
        贷：固定资产减值准备
      - 一经计提，以后会计期间不得转回
  - 无形资产 ★★
    - 特征
      - 不具有实物形态、具有可辩认性、属于非货币性长期资产、持有目的是生产经营使用而非出售
    - 摊销 ——与固定资产折旧对比记忆
      - 当月增加，当月开始摊销；当月减少，当月不再摊销
      - 方法：年限平均法(直线法)、生产总量法
      - 借：管理费用/其他业务成本等
        贷：累计摊销
    - 处置：将取得的价款扣除该无形资产账面价值以及出售相关税费后的差额转入营业外收入或营业外支出(报废)、资产处置损益(正常出售)
    - 发生减值
      - 借：资产减值损失
        贷：无形资产减值准备
      - 一经计提，持有期间不得转回
  - 长期待摊费用 ★
    - 已经发生，但应由本期和以后各期负担的分摊期限在一年以上的各项费用

▶ 第一节　资产概述

▶【典型真题分析】

暂无典型真题。

▶【同步训练】

一、单项选择题

1. 下列对资产特征的表述中，不恰当的是（　　）。
   A. 资产是企业拥有或控制的资源
   B. 资产是由过去的交易或事项形成的
   C. 资产是预期会给企业带来经济利益的资源
   D. 资产是企业日常活动形成的资源

2. 下列各项中，企业不能确认为资产的是（　　）。
   A. 委托加工物资　　B. 尚待加工的半成品
   C. 盘亏的存货　　D. 委托代销商品

3. 下列各项中，不符合资产定义的是（　　）。
   A. 经营租出的设备　　B. 经营租入的设备
   C. 盘盈的固定资产　　D. 融资租入的设备

二、判断题

1. 如果企业既不拥有也不控制某项资产所能带来的经济利益，就不能将其作为企业的资产予以确认。（　　）

2. 资产可以分为流动资产和非流动资产，其中流动资产包括货币资金、应收账款、无形资产等。（　　）

同步训练
答案及分析

▶第二节　货币资金

▶【典型真题分析】

一、单项选择题

1.【2018 年、2017 年】2016 年 12 月 31 日，某企业进行现金清查，发现库存现金短款 300 元。经批准，应由出纳员赔偿 180 元，其余 120 元无法查明原因，由企业承担损失。不考虑其他因素，该业务对企业当期营业利润的影响金额为（　　）元。

A. 0　　B. 120　　C. 300　　D. 180

【答案】B

【分析】企业发生现金短缺，在报经批准处理前：

借：待处理财产损溢　　300

　　贷：库存现金　　300

报经批准处理后：

借：管理费用　　120

　　其他应收款　　180

　　贷：待处理财产损溢　　300

无法查明原因的现金短缺 120 元计入管理费用，减少企业的营业利润。

2.【2017 年】下列各项中，关于企业无法查明原因的现金溢余，经批准后会计处理表述正确的是（　　）。

A. 冲减财务费用　　B. 计入其他应付款

C. 冲减管理费用　　D. 计入营业外收入

【答案】D

【分析】企业无法查明原因的现金溢余，报经批准后计入营业外收入：

借：待处理财产损溢

　　贷：营业外收入

二、多项选择题

【2016 年】下列各项中，属于企业其他货币资金的有（　　）。

A. 信用卡存款　　B. 存出投资款

C. 外埠存款　　D. 银行本票存款

【答案】ABCD

【分析】其他货币资金是指企业除现金、银行存款以外的其他各种货币资金，主要包括银行汇票存款、银行本票存款、信用卡存款、信用证保证金存款、存出投资款和外埠存款等。

三、判断题

1.【2017 年】企业因收发计量错误发生的原材料盘盈，按管理权限报经批准后，应将盘盈金额冲减管理费用。（ ）

【答案】√

2.【2016 年】编制银行存款余额调节表只是为了核对账目，不能作为调节银行存款日记账账面余额的记账依据。（ ）

【答案】√

▶【同步训练】

一、单项选择题

1. 根据《现金管理暂行条例》规定，下列经济业务中，一般不应用现金支付的是（ ）。

A. 支付物资采购货款 1 200 元　　B. 支付零星办公用品购置费 850 元

C. 支付职工差旅费 2 000 元　　D. 支付职工奖金 800 元

2. 企业通过现金清查发现库存现金短缺 50 元，无法查明原因，经批准后，应借记的会计账户是（ ）。

A. 待处理财产损溢　　B. 营业外支出

C. 其他应收款　　D. 管理费用

3. 下列各项中，会导致企业银行存款日记账的账面余额小于银行对账单余额的是（ ）。

A. 企业开出商业汇票，对方尚未到银行提示承兑

B. 企业送存支票，银行尚未入账

C. 银行代收款项，企业尚未接到收款通知

D. 银行代付款项，企业尚未接到付款通知

4. 经过“银行存款余额调节表”调整后的银行存款余额为（ ）。

A. 企业账上的银行存款余额

B. 银行账上的企业存款余额

C. 企业可动用的银行存款余额

D. 企业应在会计报表中反映的银行存款余额

5. 企业核算银行汇票存款时采用的会计账户是（ ）。

A. 其他货币资金　　B. 银行存款

C. 应收票据　　D. 库存现金

6. 下列各项中，通过“其他货币资金”账户核算的是（ ）。

A. 银行支票存款　　B. 银行本票存款

C. 银行承兑汇票　　D. 备用金

二、多项选择题

1. 下列各项中，企业可用现金支付的有（ ）。

A. 职工工资　　B. 给个人的奖金

C. 向个人收购农产品的价款　　D. 结算起点以下的零星支出

2. 某公司出纳小王在现金清查中，发现短缺 50 元，经查明系业务员李某报销时计算错误导致，经批准后由李某偿还。下列关于该项经济业务的会计处理，正确的有（　　）。

A. 借：库存现金　50

　贷：待处理财产损溢　50

B. 借：待处理财产损溢　50

　贷：库存现金　50

C. 借：其他应收款　50

　贷：待处理财产损溢　50

D. 借：营业外支出　50

　贷：待处理财产损溢　50

3. 下列关于企业现金清查的说法中，正确的有（　　）。

A. 现金清查一般采用实地盘点法

B. 对于现金清查结果，应编制现金盘点报告单

C. 对于无法查明的现金短缺，经过批准后应计入营业外支出

D. 对于超限额留存的现金应及时送存银行

三、判断题

1. 企业因业务需要支付现金时，不得从本企业的现金收入中直接支付。（　）

2. 企业银行存款的账面余额与银行对账单余额因未达账项存在差额时，应按照银行存款余额调节表调整银行存款日记账。（　）

3. 企业需要到外地临时或零星采购，可以将款项通过银行汇入采购地银行，这部分汇入采购地银行的资金应记入“银行存款”账户。（　）

同步训练
答案及分析

▶ 第三节　应收及预付款项

▶【典型真题分析】

一、单项选择题

1.【2018 年、2017 年】2016 年 12 月 1 日，某公司“坏账准备——应收账款”账户贷方余额为 1 万元。12 月 16 日，收回已作坏账转销的应收账款 1 万元。12 月 31 日，应收账款账面余额为 120 万元，应收账款的预计未来现金流量现值为 108 万元，不考虑其他因素，12 月 31 日该公司应计提的坏账准备金额为（　　）万元。

A. 13　　B. 12　　C. 10　　D. 11

【答案】C

【分析】应计提的坏账准备 =（120 − 108）−（1 + 1）= 10（万元）。

2.【2017 年】企业未设置“预付账款”账户，发生预付货款业务时应借记的会计账户是（　　）。

A. 预收账款　　B. 其他应付款

C. 应收账款　　D. 应付账款

【答案】D

【分析】如果企业未设置“预付账款”账户，当发生预付货款业务时应借记的会计账户是“应付账款”账户。

3.【2017 年】下列各项中，企业应通过“其他应收款”账户核算的是（　　）。

A. 出租包装物收取的押金　　B. 为职工垫付的水电费

C. 代购货方垫付的销售商品运费　　D. 销售商品未收到的货款

【答案】B

【分析】选项 A，通过“其他应付款”账户核算；选项 C，通过“应收账款”账户核算；选项 D，通过“应收账款”账户核算。

4.【2016 年】2015 年 12 月 31 日，某企业应收账款账面余额为 1200 万元，预计未来现金流量现值为 600 万元；计提坏账准备前，企业坏账准备贷方账户余额为 350 万元，不考虑其他因素，当日该企业应计提的坏账准备为（　　）万元。

A. 250　　B. 600　　C. 350　　D. 1 200

【答案】A

【分析】当日该企业应计提的坏账准备 =（1 200 − 600）− 350 = 250（万元）。

二、多项选择题

【2016 年改】下列各项中，应在“坏账准备”账户借方登记的有（　　）。

A. 冲减已计提的坏账准备　　B. 收回前期已核销的应收账款

C. 核销实际发生的坏账损失　　D. 计提坏账准备

【答案】AC

【分析】本题分录：

选项 A：

借：坏账准备

　贷：信用减值损失

选项 B：

借：应收账款

　贷：坏账准备

借：银行存款

　贷：应收账款

选项 C：

借：坏账准备

贷：应收账款

选项 D：

借：信用减值损失

贷：坏账准备

三、判断题

1.【2017 年】资产负债表日，应收账款的账面价值低于预计未来现金流量现值的，应计提坏账准备。（ ）

【答案】×

【分析】资产负债表日，应收账款的账面价值高于预计未来现金流量现值的，应计提坏账准备。

2.【2016 年】企业销售商品已确认收入但货款尚未收到，在资产负债表日得知客户资金周转困难而无法收回货款，该企业应冲减已确认的商品销售收入。（ ）

【答案】×

【分析】此种情况下，应当对应收账款计提坏账准备。

▶【同步训练】

一、单项选择题

1. 商业汇票的付款期限，最长不得超过（ ）。

A. 3 个月 B. 4 个月 C. 5 个月 D. 6 个月

2. 某企业 2018 年 5 月 1 日销售商品一批，并于当日收到面值 100 000 元、期限 3 个月的不带息银行承兑汇票一张。6 月 10 日，将该票据背书转让给 A 公司以购买材料。所购材料的价格为 90 000 元，增值税税率为 16%，运杂费 700 元。则企业应补付的银行存款为（ ）元。

A. 10 000 B. 9 000 C. 5 100 D. 5 300

3. 应收票据在贴现时，其贴现息应该记入的账户是（ ）。

A. 财务费用 B. 销售费用 C. 管理费用 D. 应收票据

4. 甲企业 2017 年 11 月 1 日销售一批商品，并于当日收到面值 6 000 元、期限 3 个月、不带息的银行承兑汇票一张。12 月 31 日，该应收票据的账面价值为（ ）元。

A. 6 000 B. 6 025 C. 6 050 D. 6 075

5. 某企业在 2018 年 5 月 24 日销售商品 240 件，增值税专用发票上注明的价款为 28 800 元，增值税税额为 4 608 元。企业为了及早收回货款而在合同中规定的现金折扣条件为：2/10，1/20，n/30。假定计算现金折扣时不考虑增值税。如买方在 2018 年 5 月 28 日付清货款，则该企业 2018 年 5 月 24 日确认的应收账款的入账价值为（ ）元。

A. 33 408 B. 32 832 C. 33 120 D. 28 224

6. 某企业销售商品一批，含税价款为 116 万元，适用的增值税税率为 16%。为购买方代垫包装费 2 万元，款项尚未收回，该企业确认的应收账款为（ ）万元。

A. 118　　B. 100　　C. 102　　D. 117

7. 下列各项中，不构成应收账款入账价值的是（　　）。

A. 销售货物发生的商业折扣　　B. 代购货方垫付的运杂费

C. 代购货方垫付的装卸费　　D. 确认商品销售收入尚未收到的价款

8. 当企业预付货款小于采购货物所需支付的款项时，应将不足部分补付，此时应该借记的账户是（　　）。

A. 预付账款　　B. 应付账款

C. 其他应付款　　D. 其他应收款

9. 企业支付包装物押金时，应借记的账户是（　　）。

A. 应收账款　　B. 应收票据

C. 其他应收款　　D. 预付账款

10. 企业在连续提取坏账准备的情况下，“坏账准备”账户在期末结账前如为贷方余额，其反映的内容是（　　）。

A. 企业已提取但尚未转销的坏账准备数额

B. 本年提取的坏账准备

C. 已经发生的坏账损失

D. 上年年末坏账准备的余额小于本年确认的坏账损失部分

11. 下列各项中，不应计提坏账准备的是（　　）。

A. 应收账款　　B. 预收账款

C. 预付账款　　D. 其他应收款

12. 企业已计提坏账准备的应收账款确实无法收回，按管理权限报经批准作为坏账转销时，应编制的会计分录是（　　）。

A. 借记“信用减值损失”账户，贷记“坏账准备”账户

B. 借记“管理费用”账户，贷记“应收账款”账户

C. 借记“坏账准备”账户，贷记“应收账款”账户

D. 借记“坏账准备”账户，贷记“信用减值损失”账户

二、多项选择题

1. 下列关于应收票据的表述中，正确的是（　　）。

A. 应收票据是指企业因销售商品、提供劳务等而收到的商业汇票

B. 商业汇票是一种由出票人签发的，委托付款人在指定日期无条件支付确定金额给收款人或者持票人的票据

C. 商业汇票的提示付款期限，自汇票到期日起 10 日

D. 符合条件的商业汇票的持票人，可以持未到期的商业汇票连同贴现凭证向银行申请贴现

2. 按现行制度规定，下列各项中，通过“应收票据”账户核算的有（　　）。

A. 银行汇票　　B. 银行本票

C. 商业承兑汇票　　D. 银行承兑汇票

3. 关于商业汇票，下列表述中，正确的有（ ）。

A. 根据承兑人不同，商业汇票可以分为商业承兑汇票和银行承兑汇票

B. 商业汇票的提示付款期限，自汇票到期日起 30 日

C. 企业申请使用银行承兑汇票时，应该向其承兑银行按票面金额的 0.5‰ 缴纳手续费

D. 商业承兑汇票的付款人收到开户行的付款通知，应该在 10 日内通知银行付款

4. 甲公司于 2018 年 5 月 1 日向乙公司销售一批产品，货款为 80 000 元，增值税税率为 16%，已开出增值税专用发票，并办理托收手续，乙公司开出一张 3 个月不带息商业承兑汇票。2018 年 8 月 1 日甲公司该票据到期，收回到期票款。下列选项中甲公司的会计处理正确的有（ ）。

A. 借：应收票据　　80 000
　　贷：主营业务收入　　80 000

B. 借：应收票据　　92 800
　　贷：主营业务收入　　80 000
　　　　应交税费——应交增值税（销项税额）　　12 800

C. 借：银行存款　　80 000
　　贷：应收票据　　80 000

D. 借：银行存款　　92 800
　　贷：应收票据　　92 800

5. 企业因销售商品发生的应收账款，其入账价值包括的内容有（ ）。

A. 销售商品的价款　　B. 增值税销项税额

C. 代购方垫付的包装费　　D. 代购方垫付的运杂费

6. 关于“预付账款”账户，下列说法正确的有（ ）。

A. “预付账款”属于资产性质的账户

B. 预付货款不多的企业，可以不单独设置“预付账款”账户，将预付的货款记入“应付账款”账户的借方

C. “预付账款”账户贷方余额反映的是应付供应单位的款项

D. “预付账款”账户只核算企业因销售业务产生的往来款项

三、判断题

1. “应收票据”账户可按照开出、承兑商业汇票的单位进行明细核算，并设置“应收票据明细账”，逐笔登记商业汇票的种类、号数和出票日、背书转让日情况等资料。（ ）

2. 商业承兑汇票的付款人收到开户银行的付款通知，应在五日内通知银行付款。（ ）

3. 企业在确定应收账款减值的核算方式时，应根据企业实际情况，按照成本效益原则，在备抵法和直接转销法之间合理选择。（ ）

4. 预付账款属于企业的资产，核算的是企业销售货物预先收到的款项。（ ）

5. “其他应收款”账户的借方登记其他应收款的增加，贷方登记其他应收款的收回，期末余额一般在贷方，反映企业尚未收回的其他应收款项。（ ）

6. 计提坏账准备前“坏账准备”账户如为借方余额，反映的内容是已确认的坏账损失超

出期初坏账准备的金额。（ ）

7. 企业当期计提的坏账准备应该计入信用减值损失，且计提后不能转回。（ ）
8. 企业已计提坏账准备的应收账款确实无法收回，按管理权限报经批准作为坏账转销时，应编制的会计分录是借记“信用减值损失”账户，贷记“应收账款”账户。（ ）

同步训练
答案及分析

▶第四节　存货

▶【典型真题分析】

一、单项选择题

1.【2018 年改】某企业为增值税一般纳税人，增值税税率为 16%。12 月 1 日销售原材料一批，开出的增值税专用发票上注明的价款为 5 200 元，增值税税额为 832 元，该批材料计划成本为 4 200 元，材料成本差异为 2%。不考虑其他因素，销售材料应确认的损益为（ ）元。

A. 1 884　　B. 1 084　　C. 1 968　　D. 916

【答案】D

【分析】会计分录为：

借：应收账款　6 032
　贷：其他业务收入　5 200
　　应交税费——应交增值税（销项税额）　832
借：其他业务成本　4 284
　贷：原材料　4 200
　　材料成本差异　（4 200 × 2%）84

确认的损益 = 5 200 − 4 284 = 916（元）。

2.【2017 年】甲企业为增值税小规模纳税人，本月采购原材料 2 060 千克，每千克 50 元（含增值税），运输途中的合理损耗为 60 千克，入库前的挑选整理费用为 500 元，企业该批原材料的入账价值为（ ）元

A. 100 500　　B. 103 500　　C. 103 000　　D. 106 500

【答案】B

【分析】运输途中的合理损耗和入库前的挑选整理费用计入采购原材料的成本，甲企业该批原材料的入账价值 = 2 060 × 50 + 500 = 103 500（元）。

3.【2017 年】某企业为增值税一般纳税人，2 × 16 年 9 月购入一批原材料，增值税专用发票上注明的价款为 50 万元，增值税税额为 8 万元。款项已经支付。另以银行存款支付装卸费 0.3 万元（不考虑增值税）。入库时发生挑选整理费 0.2 万元。运输途中发生

合理损耗 0.1 万元。不考虑其他因素。该批原材料的入账成本为(　　)万元。

A. 50.5　　B. 58.5　　C. 50.6　　D. 50.4

【答案】A

【分析】存货的采购成本包括购买价款、运输费、装卸费、保险费以及其他可归属于存货采购成本的费用。所以本题中原材料的入账成本 = 50 + 0.3 + 0.2 = 50.5(万元)。

4.【2017 年】下列各项中,关于企业原材料盘亏及毁损会计处理表述正确的是(　　)。

A. 保管员过失造成的损失,计入管理费用

B. 因台风造成的净损失,计入营业外支出

C. 应由保险公司赔偿的部分,计入营业外收入

D. 经营活动造成的净损失,计入其他业务成本

【答案】B

【分析】企业发生存货盘亏或毁损时:

借:待处理财产损溢

　　贷:原材料等

按管理权限报经批准后:

借:原材料等〔收回的残料价值〕

　　其他应收款〔应由保险公司或过失人赔偿的部分〕

　　管理费用〔一般经营损失〕

　　营业外支出〔非常损失〕

　　贷:待处理财产损溢

5.【2017 年】下列各项中,关于"材料成本差异"账户的表述正确的是(　　)。

A. 期末贷方余额反映库存材料的超支差异

B. 期末余额应在资产负债表中单独列示

C. 期末贷方余额反映库存材料的节约差异

D. 借方登记入库材料的节约差异

【答案】C

【分析】期末贷方余额反映库存材料的节约差异,选项 A 错误;期末余额在"存货"项目中填列,选项 B 错误;借方登记入库材料的超支差异,选项 D 错误。

6.【2017 年】2016 年 7 月 1 日,某企业销售商品领用不单独计价包装物的计划成本为 60 000 元,材料成本差异率为 −5%,下列各项中,关于该包装物会计处理正确的是(　　)。

A. 借:销售费用　　63 000

　　贷:周转材料——包装物　　60 000

　　　　材料成本差异　　3 000

B. 借:销售费用　　57 000

　　材料成本差异　　3 000

　　贷:周转材料——包装物　　60 000

C. 借:其他业务成本　　63 000

贷：周转材料——包装物　　60 000
　　材料成本差异　　3 000

D. 借：其他业务成本　　57 000
　　材料成本差异　　3 000
　　贷：周转材料——包装物　　60 000

【答案】B

【分析】企业销售商品时随同商品出售的不单独计价的包装物是需要计入销售费用的，因为该包装物的计划成本为 60 000 元，所以实际成本为 60 000 ×（1 − 5%）= 57 000（元），计入销售费用的金额为 57 000 元，结转的材料成本差异为 60 000 × 5% = 3 000（元）。相关会计处理如下：

借：销售费用　　57 000
　　材料成本差异　　3 000
　　贷：周转材料——包装物　　60 000

二、多项选择题

1.【2016 年】某企业为增值税一般纳税人，开出银行承兑汇票购入原材料一批，并支付银行承兑手续费。下列各项中，关于该企业采购原材料的会计处理表述正确的有（　　）。

A. 支付的运输费计入材料成本

B. 支付的可以抵扣的增值税进项税额计入材料成本

C. 支付的原材料价款计入材料成本

D. 支付的票据承兑手续费计入财务费用

【答案】ACD

2.【2017 年】存货计价方法包括（　　）。

A. 先进先出法　　B. 个别计价法

C. 后进先出法　　D. 加权平均法

【答案】ABD

3.【2017 年】甲企业委托乙企业加工一批物资，发出原材料的实际成本为 100 万元，支付运杂费 3 万元，加工费 2 万元（均不考虑增值税）。乙企业代收代缴消费税 8 万元，该物资收回后用于连续加工应税消费品。不考虑其他税费，下列各项中，关于甲企业委托加工物资会计处理结果表述正确的是（　　）。

A. 支付的运杂费 3 万元应计入委托加工物资成本

B. 乙企业代收代缴的消费税 8 万元应计入委托加工物资成本

C. 乙企业代收代缴的消费税 8 万元应借记“应交税费——应交消费税”账户

D. 委托加工物资成本总额为 105 万元

【答案】ACD

【分析】甲企业委托加工物资的账务处理为（金额单位为万元）：

借：委托加工物资　　（100 + 3 + 2）105

应交税费——应交消费税　　8
贷:原材料　　100
银行存款等　　13

4.【2017 年】下列各项中,影响企业资产负债表日存货的可变现净值的有(　　)。

A. 存货的账面价值

B. 销售存货过程中估计的销售费用及相关税费

C. 存货的估计售价

D. 存货至完工估计将要发生的成本

【答案】BCD

【分析】可变现净值是指在日常活动中,存货的估计售价减去至完工时估计将要发生的成本、估计的销售费用以及估计的相关税费后的金额。

三、判断题

1.【2015 年】在市场物价持续上升,发出存货采用先进先出法会导致背离近期市场价格,从而低估资产负债表中“存货”项目的价值和利润表中当期利润。(　　)

【答案】×

【分析】此时会高估期末资产负债表中的“存货”和利润表中的当期利润。

2.【2015 年】对于随同商品出售而不单独计价的包装物,企业应按实际成本计入销售费用。(　　)

【答案】√

【分析】会计分录为:

借:销售费用
贷:周转材料——包装物

3.【2017 年】委托加工应税消费品收回后直接用于出售的,受托方代收代缴的消费税应记入“应交税费——应交消费税”账户。(　　)

【答案】×

【分析】需要交纳消费税的委托加工物资,由受托方代收代缴的消费税,收回后用于直接销售的,记入“委托加工物资”账户;收回后用于继续加工应税消费品的,记入“应交税费——应交消费税”账户。

▶【同步训练】

一、单项选择题

1. 下列税金中,不应计入存货成本的是(　　)。

A. 一般纳税企业进口原材料支付的关税

B. 一般纳税企业购进原材料支付的增值税

C. 小规模纳税企业购进原材料支付的增值税

D. 一般纳税企业进口应税消费品支付的消费税

2. 下列各项中，不会引起企业期末存货账面价值变动的是（　　）。

A. 已发出商品但尚未确认销售收入

B. 已确认销售收入但尚未发出商品

C. 已收到材料但尚未收到发票账单

D. 已收到发票账单并付款但尚未收到材料

3. 某企业为增值税一般纳税人，购入材料一批，增值税专用发票上标明的价款为 500 万元，增值税为 80 万元，另支付材料的保险费 6 万元、包装物押金 4 万元。该批材料的采购成本为（　　）万元。

A. 500　　B. 510　　C. 506　　D. 595

4. 某商场库存商品采用售价金额核算法进行核算。2018 年 5 月初，库存商品的进价成本为 34 万元，售价总额为 45 万元。当月购进商品的进价成本为 126 万元，售价总额为 155 万元。当月销售收入为 130 万元。月末结存商品的实际成本为（　　）万元。

A. 30　　B. 56　　C. 104　　D. 130

5. 某商场采用毛利率法计算期末存货成本。甲类商品 2018 年 4 月 1 日期初成本为 3 500 万元，当月购货成本为 500 万元，当月销售收入为 4 500 万元。甲类商品第一季度实际毛利率为 25%。2018 年 4 月 30 日，甲类商品结存成本为（　　）万元。

A. 50　　B. 1 125　　C. 625　　D. 3 375

6. 某企业为增值税小规模纳税人，4 月 5 日购进一批原材料，取得增值税普通发票，发票上含税价格为 10.3 万元，采购时支付运输费 2 万元，其他相关费用 1 万元，运输途中合理损耗 0.5 万元，则该批材料的成本为（　　）万元。

A. 11.7　　B. 13.7　　C. 15.2　　D. 13.3

7. 某企业采用月末一次加权平均法计算发出原材料的成本。2018 年 8 月 1 日，甲材料结存 200 千克，每千克实际成本为 10 元；8 月 10 日购入甲材料 300 千克，每千克实际成本为 11 元；8 月 25 日发出甲材料 400 千克。8 月份发出甲材料的成本为（　　）元。

A. 1 000　　B. 1 050　　C. 1 060　　D. 4 240

8. A 公司 5 月 1 日甲材料结存 300 千克，单价 2 万元。5 月 6 日发出 100 千克，5 月 10 日购进 200 千克，单价 2.2 万元，5 月 15 日发出 200 千克。企业采用移动加权平均法计算发出存货成本，则 5 月 15 日结存的原材料成本为（　　）万元。

A. 400　　B. 416　　C. 420　　D. 440

9. M 企业在存货发出时，采用月末一次加权平均法核算，该企业 2018 年 10 月初库存材料 60 件，每件为 1 000 元，月中又购进两批，一批 200 件，每件 950 元，另一批 100 件，每件 1 046 元，则月末该材料的加权平均单价为（　　）元。

A. 980　　B. 985　　C. 990　　D. 1 182

10. 企业采用计划成本进行材料的日常核算。月初结存材料的计划成本为 80 万元，实际成本为 100 万元。当月购入材料一批，实际成本为 130 万元，计划成本为 120 万元。当月领用材料的计划成本为 100 万元，当月领用材料应负担的材料成本差异为（　　）万元。

A. 超支 5　　B. 节约 5　　C. 超支 15　　D. 节约 15

11. 某企业月初结存材料的计划成本为 40 000 元,材料成本差异为超支 500 元;本月入库材料的计划成本为 70 000 元,材料成本差异为节约 700 元。当月生产车间领用材料的计划成本为 80 000 元。不考虑其他因素,当月生产车间领用材料的实际成本为(　　)元。

A. 80 145.45　　B. 79 854.55　　C. 79 760　　D. 80 240

12. 企业销售产品领用不单独计价包装物一批,其计划成本为 8 000 元,材料成本差异率为 1%。对于该项业务,不考虑其他因素,下列说法中正确的是(　　)。

A. 应计入其他业务成本的金额为 8 080 元

B. 应计入其他业务成本的金额为 7 920 元

C. 应计入销售费用的金额为 8 080 元

D. 应计入销售费用的金额为 7 920 元

13. 企业对随同商品出售且单独计价的包装物进行会计处理时,该包装物的实际成本应结转到的会计账户是(　　)。

A. 制造费用　　B. 管理费用

C. 销售费用　　D. 其他业务成本

14. 下列各项中,不属于包装物的核算内容的是(　　)。

A. 生产过程中用于包装产品作为产品组成部分的包装物

B. 随同商品出售而不单独计价的包装物

C. 随同商品出售单独计价的包装物

D. 委托加工的包装物

15. 对于价值较低或极易损坏的低值易耗品,应采用的摊销方法是(　　)。

A. 五五摊销法　　B. 分次摊销法

C. 一次转销法　　D. 计划成本法

16. 某增值税一般纳税企业收回委托加工的应税消费品材料一批,原材料的成本 210 万元,加工费 10 万元,增值税进项税额 1.6 万元,由委托方代收代缴的消费税 35.7 万元,收回的材料要连续生产应税消费品,这批材料的入账价值为(　　)万元。

A. 220　　B. 221.7　　C. 257.4　　D. 255.7

17. 企业委托加工应税消费品,如果收回后用于连续生产,委托方对于尚未支付的受托方代收代缴的消费税的会计处理,正确的是(　　)。

A. 借记"原材料"账户,贷记"银行存款"账户

B. 借记"应交税费——应交消费税"账户,贷记"应付账款"账户

C. 借记"委托加工物资"账户,贷记"银行存款"账户

D. 借记"委托加工物资"账户,贷记"应付账款"账户

18. 下列各项中,不属于库存商品的是(　　)。

A. 接受外来材料的代制品

B. 寄存在外销售的商品

C. 为外单位加工代修品

D. 已完成销售手续,客户未领取的商品

19. 委托加工应税消费品(非金银首饰)收回后直接销售的,其由受托方代收代缴的消费

税，应记入的会计账户是（　　）。

A. 管理费用　　B. 应交税费——应交消费税

C. 税金及附加　　D. 委托加工物资

20. 某一般纳税人委托外单位加工一批应税消费品，材料成本150万元，加工费12万元，受托方增值税税率为16%，受托方代收代缴消费税18万元。该批材料加工后委托方直接出售，则该批材料加工完成入库时的成本为（　　）万元。

A. 162　　B. 180　　C. 182.04　　D. 168

21. 某商业企业采用毛利率法对存货计价，第一季度的某商品毛利率为30%，5月1日该存货成本1 800万元，5月购入该存货成本4 200万元，销售商品收入4 500万元，发生销售退回450万元。则5月末该存货结存成本为（　　）万元。

A. 3 165　　B. 2 850　　C. 1 950　　D. 3 300

22. 某增值税一般纳税人因管理不善毁损库存原材料一批，其成本为200万元，经确认应转出的增值税税额为32万元；收回残料价值8万元，收到保险公司赔偿款112万元。假定不考虑其他因素，经批准后，企业确认该材料毁损净损失的会计分录是（　　）。

A. 借：营业外支出　112
　　贷：待处理财产损溢　112

B. 借：管理费用　112
　　贷：待处理财产损溢　112

C. 借：营业外支出　80
　　贷：待处理财产损溢　80

D. 借：管理费用　80
　　贷：待处理财产损溢　80

23. 某企业2016年12月31日存货的账面余额为20 000元，预计可变现净值为19 000元。2017年12月31日存货的账面余额仍为20 000元，预计可变现净值为21 000元。则2017年年末应冲减的存货跌价准备为（　　）元。

A. 1 000　　B. 2 000　　C. 9 000　　D. 3 000

24. 当存货成本低于可变现净值时，存货按（　　）计价。

A. 成本　　B. 可变现净值

C. 成本与可变现净值孰高　　D. 成本与可变现净值孰低

二、多项选择题

1. 下列各项关于企业存货的表述中，正确的有（　　）。

A. 存货应按照成本进行初始计量

B. 存货成本包括采购成本、加工成本和其他成本

C. 存货期末计价应按照成本与可变现净值孰低计量

D. 存货采用计划成本核算的，期末应将计划成本调整为实际成本

2. 存货的确认是以法定产权的取得为标志的。具体来说，下列属于企业存货范围的有（　　）。

A. 已经购入但尚未运达本企业的货物

B. 已售出但货物尚未运离本企业的存货

C. 已经运离企业但尚未售出的存货

D. 未购入但存放在企业的存货

3. 下列各种物资中，应当作为企业存货核算的有（　　）。

A. 委托加工材料　　B. 在途的材料

C. 低值易耗品　　D. 工程物资

4. 下列各项中，属于工业企业外购存货的采购成本的有（　　）。

A. 买价　　B. 运杂费

C. 运输途中的合理损耗　　D. 入库前的挑选整理费用

5. 企业购进货物发生的下列相关税金中，应计入相关资产成本的有（　　）。

A. 进口商品支付的关税

B. 收购未税矿产品代缴的资源税

C. 签订购买合同缴纳的印花税

D. 小规模纳税人购买材料支付的增值税

6. 关于存货成本，表述正确的有（　　）。

A. 商品流通企业采购商品的进货费用金额较小的，可以不计入存货成本

B. 委托加工物资发生的加工费用应计入委托加工物资成本

C. 商品流通企业发生的进货费用先进行归集的，期末未售商品分摊的进货费用计入存货成本

D. 企业为特定客户设计的产品直接发生的设计费用应计入产品成本

7. 某企业原材料采用计划成本法核算，下列各项中，该企业应在“材料成本差异”账户贷方登记的有（　　）。

A. 入库原材料的成本超支差异

B. 发出原材料应负担的成本超支差异

C. 入库原材料的成本节约差异

D. 发出原材料应负担的成本节约差异

8. 下列各项中，属于企业库存商品的有（　　）。

A. 寄存在外的商品　　B. 存放在门市部准备出售的商品

C. 接受来料加工制造的代制品　　D. 为外单位加工修理的代修品

9. 下列关于委托加工物资，说法正确的有（　　）。

A. 委托加工物资是指企业委托外单位加工的各种材料、商品等物资

B. 企业委托外单位加工物资的成本包括加工中实际耗用物资的成本、支付的加工费用及应负担的运杂费、支付的税费等

C. 委托加工物资的计算方法和库存商品完全不同

D. 采用计划成本核算委托加工物资，应该同时结转材料成本差异或商品进销差价

10. 企业进行材料清查时，对于盘亏的材料，应先记入“待处理财产损溢”账户，待期末或报经批准后，根据不同的原因可分别转入的账户有（　　）。

A. 管理费用　　B. 其他应付款

C. 营业外支出　　D. 其他应收款

11. 下列资产减值准备中，在符合相关条件时可以转回的有（　　）。

A. 坏账准备　　B. 存货跌价准备

C. 无形资产减值准备　　D. 固定资产减值准备

12. 某公司2018年10月31日库存甲材料账面余额为80 000元，预计可变现净值为75 000元，12月31日该批材料账面余额为80 000元，预计可变现净值为78 000元，在此期间，甲材料没有发生购销业务。下列会计分录正确的有（　　）。

A. 10月31日：

借：管理费用　　5 000

　贷：存货跌价准备　　5 000

B. 10月31日：

借：资产减值损失——计提的存货跌价准备　　5 000

　贷：存货跌价准备　　5 000

C. 12月31日：

借：存货跌价准备　　3 000

　贷：资产减值损失——计提的存货跌价准备　　3 000

D. 12月31日：

借：资产减值损失——计提的存货跌价准备　　2 000

　贷：存货跌价准备　　2 000

三、判断题

1. 已经支付货款但尚未验收入库的在途材料属于购货方存货。（　　）

2. 在存货采购入库后发生的储存费用，应在发生时计入当期损益。但是，在生产过程中为达到下一个生产阶段所必需的仓储费用应计入存货成本。（　　）

3. 企业设计产品发生的设计费用通常应计入当期损益，但是为特定客户设计产品所发生的、可直接确定的设计费用应计入存货的成本。（　　）

4. 非正常消耗的直接材料、直接人工和制造费用，应在发生时计入当期损益，不应计入存货成本。（　　）

5. 商品流通企业在采购商品过程中发生的运杂费等进货费用，应当计入当期损益中。（　　）

6. 存货发出计价方法的选择直接影响着资产负债表中资产总额的多少，而与利润表中净利润的大小无关。（　　）

7. 由于存货发出的计价方法不同，期末在资产负债表中反映的存货项目金额就会不同，当期计算出的利润也可能不同。（　　）

8. 采用月末一次加权平均法平时可以从账上提供发出和结存存货的单价及金额，有利于存货成本的日常管理与控制。（　　）

9. 采用移动加权平均法计算发出存货成本不能在月度内随时结转发出存货的成本。

（　　）

10. 企业采用计划成本核算原材料，平时收到原材料时应按实际成本借记“原材料”账户，领用或发出原材料时应按计划成本贷记“原材料”账户，期末再将发出材料和期末结存材料调整为实际成本。（　　）
11. 企业采用计划成本法进行材料日常核算时，发出材料分摊材料成本差异时，超支差异记入“材料成本差异”账户的贷方，节约差异记入“材料成本差异”账户的借方。（　　）
12. 对于随同商品出售而单独计价的包装物，企业应在发出该包装物时，按其实际成本计入销售费用。（　　）
13. 企业在领用低值易耗品时，应将其价值一次、全部计入有关资产成本或当期损益。（　　）
14. “委托加工物资”账户期末余额在贷方，反映企业尚未完工的委托加工物资的实际成本等。（　　）
15. 毛利率法，是根据本期销售净额乘以上期实际毛利率算出本期销售毛利，并据以计算发出存货和期末存货成本的一种方法。（　　）
16. 因台风造成原材料毁损，相关净损失应计入营业外支出。（　　）

四、实训题

实　训　一

（一）目的：掌握实际成本法下原材料成本的计算。

（二）资料：甲企业为增值税一般纳税人，适用的增值税税率为16%，原材料按实际成本核算，2018 年 7 月初，A 材料账面余额为 90 000 元。该企业 7 月份发生的有关经济业务如下：

（1）5 日，购入 A 材料 1 000 千克，增值税专用发票上注明的价款为 300 000 元，增值税税额为 48 000 元。购入该批材料发生保险费 1 000 元，发生运杂费 4 000 元，运输过程中发生合理损耗 10 千克。材料已验收入库，款项均已通过银行付讫。

（2）15 日，委托外单位加工 B 材料（属于应税消费品），发出 B 材料成本为 70 000 元，支付加工费 20 000 元，取得的增值税专用发票上注明的增值税税额为 3 200 元，由受托方代收代缴的消费税为 10 000 元，材料加工完毕验收入库，款项均已支付。材料收回后用于继续生产应税消费品。

（3）20 日，领用 A 材料 60 000 元，用于企业专设销售机构办公楼的日常维修，购入 A 材料时支付的相应增值税税额为 9 600 元。

（4）31 日，生产领用 A 材料一批，该批材料成本为 15 000 元。

（三）要求：根据上述资料，不考虑其他因素，分析回答下列小题。（答案中的金额单位用元表示）

（1）根据资料（1），计算甲企业应计入外购原材料实际成本的金额，并写出相应的会计分录。

（2）根据资料（2），计算甲企业委托加工物资实际成本的金额，并写出相应的会计分录。

（3）根据期初资料、资料（1）至资料（4），计算甲企业7月31日A材料的结存成本。

实 训 二

（一）目的：掌握材料盘亏的账务处理。

（二）资料：甲公司为增值税一般纳税人，适用的增值税税率为16%，原材料采用实际成本核算，发出材料采用月末一次加权平均法计算。2018年7月1日，该公司M材料库存数量为500千克，每千克成本为200元。2018年7月该公司发生有关存货业务如下：

（1）2日，以面值为250 000元的银行汇票购买M材料800千克，每千克不含税价为250元，取得增值税专用发票上注明的增值税税额为32 000元，搬运费为3 000元，材料验收入库，多余款项通过银行退回。

（2）10日，收到乙公司作为资本投入的M材料3 000千克，并验收入库，乙公司已开具增值税专用发票，投资合同约定该材料不含税价款为600 000元，允许抵扣的增值税进项税额为96 000元，假设合同约定的材料价款是公允的，乙公司在甲公司注册资本中占有的份额为580 000元。

（3）31日发料凭证汇总表中M材料记录为：生产产品领用1 600千克，车间一般领用300千克，行政管理部门领用200千克，销售部门领用100千克。

（4）31日，财产清查中发现盘亏M材料的成本为15 000元，经查属于保管人员的过失造成，按规定由其个人赔偿6 000元，款项尚未收到。

（三）要求：根据上述资料，不考虑其他税费，分析回答下列小题。（答案中的金额单位用元表示，出现小数的，保留两位小数）

（1）根据资料（1）、资料（2），分别写出甲公司相关的会计处理。

（2）根据期初资料以及资料（1）、资料（2），计算甲公司发出M材料的平均单价。

（3）根据资料（3）、资料（4），分别写出甲公司相关的会计处理。

同步训练
答案及分析

▶ 第五节 交易性金融资产

▶【典型真题分析】

一、单项选择题

1.【2018年改】甲公司为增值税一般纳税人，2018年2月1日，甲公司购入乙公司发行的公司债券，支付价款600万元，其中包含已到付息但尚未领取的债券利息12万元，另支付相关交易费用3万元，取得增值税专用发票上注明的增值税税额为0.18万元。甲公司将其划分为交易性金融资产进行核算，该项交易性金融资产的入账金额为（　　）万元。

A. 603　　B. 591　　C. 600　　D. 588

【答案】D

【分析】会计分录为：

借：交易性金融资产——成本　588

　应收利息　12

　贷：其他货币资金　600

借：投资收益　3

　应交税费——应交增值税（进项税额）　0.18

　贷：其他货币资金　3.18

2.【2018年】下列各项中，资产负债表日，企业计算确认所持有交易性金融资产的公允价值低于其账面余额的金额，应借记（　　）账户。

A. 营业外支出　　B. 投资收益

C. 公允价值变动损益　　D. 其他业务成本

【答案】C

【分析】会计分录为：

借：公允价值变动损益

　贷：交易性金融资产——公允价值变动

二、判断题

1.【2017年】出售交易性金融资产发生的净损失应计入营业外支出。（　　）

【答案】×

【分析】应通过“投资收益”账户核算。

2.【2015年】企业取得交易性金融资产时，支付给证券交易所的手续费和佣金应计入其初始确认金额。（　　）

【答案】×

【分析】取得交易性金融资产发生的交易费用确认为投资收益，不计入初始确认金额。

▶【同步训练】

一、单项选择题

1. 企业购入交易性金融资产，支付的价款为100万元，其中包含已到付息期但尚未领取的利息5万元，另支付交易费用3万元。假设不考虑其他因素，该项交易性金融资产的入账价值为（　　）万元。

A. 92　　B. 95　　C. 100　　D. 105

2. 某企业购入W上市公司股票180万股，并划分为交易性金融资产，共支付款项2 830万元，其中包括已宣告但尚未发放的现金股利126万元，另支付相关交易费用4万元，取得的增值税专用发票上注明的增值税税额为0.24万元。该项交易性金融资产的入账价值为（　　）万元。

A. 2 700.24　　B. 2 704　　C. 2 830　　D. 2 834

3. 资产负债表日，交易性金融资产的公允价值高于其账面余额的差额，应贷记的账户是（　　）。

A. 公允价值变动损益　　B. 投资收益

C. 交易性金融资产　　D. 应收股利

4. 交易性金融资产持有期间确认被投资单位宣告发放的现金股利或利息时，应该贷记的会计账户是（　　）。

A. 交易性金融资产　　B. 财务费用

C. 应收股利　　D. 投资收益

5. 甲公司出售一项交易性金融资产收到200万元，该投资原账面余额170万元（其中：成本150万元，公允价值变动20万元），不考虑其他因素，出售该交易性金融资产确认的投资收益为（　　）万元。

A. 50　　B. 30　　C. 20　　D. 40

二、多项选择题

1. 下列各项中，不计入交易性金融资产入账价值的有（　　）。

A. 买入价　　B. 支付的手续费

C. 支付的印花税　　D. 已到付息期但尚未领取的利息

2. 下列关于交易性金融资产会计处理的表述中，正确的有（　　）。

A. 购买价款中包含的已宣告但尚未领取的现金股利或已到付息期但尚未领取的债券利息，构成交易性金融资产的成本

B. 为购入交易性金融资产所支付的相关交易费用，不计入该资产的成本

C. 为购入交易性金融资产所支付的相关交易费用，应计入该资产的成本

D. 交易性金融资产在持有期间取得的现金股利，应确认为投资收益

3. 企业在购入公司债券作为交易性金融资产时可能用到的借方账户有（　　）。

A. 交易性金融资产　　B. 应收利息

C. 财务费用　　D. 应交税费——应交增值税（进项税额）

4. 企业核算交易性金融资产的现金股利时，可能涉及的会计账户有（　　）。

A. 公允价值变动损益　　B. 投资收益

C. 应收股利　　D. 其他货币资金

5. 下列各项中，会引起交易性金融资产账面价值发生变化的有（　　）。

A. 交易性金融资产账面价值与公允价值的差额

B. 出售部分交易性金融资产

C. 确认分期付息债券利息

D. 被投资单位宣告发放现金股利

三、判断题

1. 企业为取得交易性金融资产发生的交易费用应计入交易性金融资产的初始确认金额。（　　）

2. 交易性金融资产取得时包含已宣告尚未发放的现金股利计入投资收益。（ ）
3. 交易性金融资产的公允价值变动只需做备查簿登记。（ ）
4. 出售交易性金融资产时，应将出售时的公允价值与其账面余额之间的差额确认为当期投资收益。（ ）
5. 企业出售交易性金融资产，应将实际收到的价款小于其账面余额的差额计入公允价值变动损益。（ ）

四、实训题

（一）目的：掌握出售时交易性金融资产投资收益的计算。

（二）资料：2019年1月1日，某企业以410万元从证券公司购入甲公司当日发行的债券作为交易性金融资产，另支付交易费用1.5万元；该债券票面金额为400万元，每半年付息一次，年利率为4%；7月1日，企业收到利息8万元；8月20日，企业以405万元的价格出售该债券。

（三）要求：假定不考虑其他因素，计算该企业出售该债券确认的投资收益金额。

同步训练
答案及分析

▶ 第六节 固定资产

▶【典型真题分析】

一、单项选择题

1.【2017年改】某企业为增值税一般纳税人，购入一台不需要安装的设备，增值税专用发票上注明的价款为50 000元，增值税税额为8 000元。另发生运输费1 000元，包装费500元（均不考虑增值税）。不考虑其他因素，该设备的入账价值为（ ）元。

A. 50 000　　B. 60 000　　C. 58 000　　D. 51 500

【答案】D

【分析】该设备的入账价值 = 50 000 + 1 000 + 500 = 51 500（元）。

2.【2017年】某企业对生产设备进行改良，发生资本化支出共计45万元，被替换旧部件的账面价值为10万元，该设备原价为500万元，已计提折旧300万元，不考虑其他因素。该设备改良后的入账价值为（ ）万元。

A. 245　　B. 235　　C. 200　　D. 190

【答案】B

【分析】设备改良后的入账价值 = 45 − 10 + 500 − 300 = 235（万元）。

3.【2017年改】某公司出售专用设备一台，取得价款30万元（不考虑增值税），发生清理费用5万元（不考虑增值税），该设备的账面价值22万元，不考虑其他因素。下列各项中，关于此项交易净损益会计处理结果表述正确的是（ ）。

A. 资产处置损益增加 8 万元　　B. 资产处置损益增加 3 万元

C. 资产处置损益增加 25 万元　　D. 资产处置损益增加 27 万元

【答案】B

【分析】企业处置固定资产的账务处理为：

借：固定资产清理　22

　贷：固定资产　22

借：银行存款　30

　贷：固定资产清理　30

借：固定资产清理　5

　贷：银行存款　5

借：固定资产清理　3

　贷：资产处置损益　3

4.【2017 年】某公司在财产清查中发现盘盈设备一台，已知同类设备的历史成本为 20 000 元，重置成本为 15 000 元，不考虑其他因素，下列各项中，该公司盘盈设备时的会计处理正确的是（ ）。

A. 借：固定资产　15 000

　贷：以前年度损益调整　15 000

B. 借：固定资产　20 000

　贷：以前年度损益调整　15 000

　　累计折旧　5 000

C. 借：固定资产　20 000

　贷：营业外收入　15 000

　　累计折旧　5 000

D. 借：固定资产　15 000

　贷：营业外收入　15 000

【答案】A

二、多项选择题

【2018 年】2016 年 12 月 20 日，某企业购入一台设备，其原价为 2 000 万元，预计使用年限 5 年，预计净残值 5 万元，采用双倍余额递减法计提折旧。下列各项中，该企业采用双倍余额递减法计提折旧的结果表述正确的有（ ）。

A. 应计折旧总额为 1 995 万元　　B. 2017 年折旧额为 665 万元

C. 年折旧率为 33%　　D. 2017 年折旧额为 800 万元

【答案】AD

【分析】选项 A，应计提折旧总额 = 固定资产原值 − 预计净残值 = 2 000 − 5 = 1 995（万元）；选项 C，因为采用双倍余额递减法，所以年折旧率 = 2/5 × 100% = 40%；选项 BD，因为采用双倍余额递减法，所以前几年计提折旧额时，不考虑预计净残值，只有最后两年考虑预计净残值，因此 2017 年折旧额 = 2 000 × 40% = 800（万元）。

三、判断题

1.【2017 年】企业当月新增加的固定资产，当月不计提折旧，自下月起计提折旧，当月减少的固定资产，当月仍计提折旧。（　　）

【答案】√

2.【2017 年】企业生产车间发生的固定资产日常维修费，应作为制造费用核算，计入产品成本。（　　）

【答案】×

【分析】企业生产车间发生的固定资产日常维修费，应计入管理费用。

▶【同步训练】

一、单项选择题

1. 一般纳税人购入不需要安装的生产经营用固定资产支付的增值税进项税额应记入的账户是（　　）。

A. 固定资产　　B. 营业外支出

C. 在建工程　　D. 应交税费

2. 以下不属于固定资产的特征的是（　　）。

A. 为了生产商品而持有　　B. 为了提供劳务而持有

C. 为了出租或经营管理而持有　　D. 为出售而持有

3. 某企业（一般纳税人）购入一台需要安装的生产用设备，取得的增值税发票上注明的设备买价为 50 000 元，增值税税额为 8 000 元，支付的运输费为 1 500 元（不考虑增值税），设备安装时领用工程用材料价值 1 000 元（不含税），购进该批工程用材料的增值税为 160 元，设备安装时支付有关人员工资 2 000 元。该固定资产的成本为（　　）元。

A. 63 170　　B. 54 500　　C. 63 000　　D. 54 670

4. 下列不应记入“在建工程”账户的是（　　）。

A. 用于经营性动产安装的外购原材料的进项税

B. 为购建工程取得银行借款在建造期间产生的资本化利息费用

C. 用于企业房屋建造的自产产品的成本

D. 建造房屋时的人工费用

5. 某增值税一般纳税企业自建一幢厂房，购入工程物资 50 万元，增值税税额为 8 万元，已全部用于建造厂房；领用库存材料 6 万元，应负担的增值税税额为 0.96 万元；支付建筑工人工资 20 万元；支付耕地占用税 1.2 万元。该厂房建造完成并达到预定可使用状态，其入账价值为（　　）万元。

A. 77.2　　B. 85.52　　C. 86.72　　D. 76

6. 某增值税一般纳税企业自建一幢仓库，购入工程物资 200 万元，增值税税额为 32 万元，已全部用于建造仓库；耗用库存材料 50 万元，应负担的增值税税额为 8 万元；支付建筑工人工资 36 万元。该仓库建造完成并达到预定可使用状态，其入账价值为（　　）万元。

A. 250　　B. 292.5　　C. 286　　D. 328.5

7. 企业闲置的固定资产计提的折旧应该记入的账户是（　　）。

A. 制造费用　　B. 销售费用

C. 管理费用　　D. 财务费用

8. 下列关于企业计提固定资产折旧会计处理的表述中，不正确的是（　　）。

A. 对管理部门使用的固定资产计提的折旧应计入管理费用

B. 对财务部门使用的固定资产计提的折旧应计入财务费用

C. 对生产车间使用的固定资产计提的折旧应计入制造费用

D. 对专设销售机构使用的固定资产计提的折旧应计入销售费用

9. 一台设备原值 350 万元，预计使用年限 5 年，预计净残率为 5%，采用双倍余额递减法计提折旧，则 5 年内计提折旧总额为（　　）万元。

A. 350　　B. 332.5　　C. 140　　D. 287

10. 甲公司 2018 年 8 月因意外事故报废汽车一部，该汽车账面原值 360 000 元，已提折旧 150 000 元，应由保险公司赔偿 120 000 元，以现金支付清理费用 1 500 元，残料变价收入 3 000 元已存入银行，不考虑其他因素，则产生的处置损益为（　　）元。

A. 88 500　　B. −88 500　　C. 85 500　　D. −85 500

11. 某企业 2017 年 12 月 31 日购入一台设备，入账价值为 200 万元，预计使用寿命为 10 年，预计净残值为 20 万元，采用年限平均法计提折旧。2018 年 12 月 31 日该设备存在减值迹象，经测试预计可收回金额为 120 万元。2018 年 12 月 31 日该设备账面价值应为（　　）万元。

A. 120　　B. 160　　C. 180　　D. 182

12. 资产减值的影响因素消失，已确认的减值可以在其已计提的金额内转回的是（　　）。

A. 长期待摊费用　　B. 固定资产

C. 存货　　D. 无形资产

二、多项选择题

1. 下列各项属于固定资产特征的有（　　）。

A. 为生产商品、提供劳务而持有

B. 使用寿命超过 1 个会计年度

C. 单位价值比较大

D. 能在 1 年以上的时间里为企业创造经济利益

2. 下列与固定资产购建相关的支出项目中，构成一般纳税人固定资产入账价值的有（　　）。

A. 车辆购置税

B. 耕地占用税

C. 进口设备的关税

D. 自营在建工程达到预定可使用状态前发生的借款利息（符合资本化条件）

3. 下列各项中,关于工业企业固定资产折旧会计处理表述正确的是(　　)。
   A. 基本生产车间使用的固定资产,其计提的折旧应计入制造费用
   B. 经营租出的固定资产,其计提的折旧应计入其他业务成本
   C. 建造厂房时使用的自有固定资产,其计提的折旧应计入在建工程成本
   D. 行政管理部门使用的固定资产,其计提的折旧应计入管理费用
4. 固定资产的折旧方法主要有(　　)。
   A. 年限平均法　　B. 工作量法
   C. 双倍余额递减法　　D. 年数总和法
5. 下列各项中,需通过“固定资产清理”账户核算的有(　　)。
   A. 固定资产毁损　　B. 将固定资产对外投资
   C. 将固定资产用于非货币性资产交换　　D. 期末出现固定资产盘盈

三、判断题

1. 融资租入的固定资产不属于企业的资产。(　　)
2. 自建固定资产应最终通过“固定资产”账户核算。(　　)
3. 企业管理部门以经营租赁方式将一台固定资产租给某单位使用,该固定资产的所有权尚未转移。企业对该固定资产仍应计提折旧,计提折旧时应记入“管理费用”账户。(　　)
4. 对于已达到预定可使用状态但尚未办理竣工决算的固定资产,待办理竣工决算后,若实际成本与原暂估价值存在差异的,应调整已计提折旧。(　　)
5. 对于同一项固定资产,在不考虑原价净残值等因素的情况下,企业无论是采用年数总和法还是双倍余额递减法计提折旧,折旧总额是相同的。(　　)
6. 对于某项预计使用年限为5年的固定资产,企业未对该项固定资产计提减值准备,如果分别采用直线法和年数总和法计提折旧,在不考虑其原价、净残值等因素的情况下,第3年计提的折旧额是相等的。(　　)
7. 企业出售不动产计算应交的增值税应直接记入“营业外支出”账户。(　　)

同步训练
答案及分析

▶ 第七节　无形资产

▶【典型真题分析】

一、单项选择题

1.【2017年】2016年1月1日,某企业开始自行研究开发一套软件,研究阶段发生支出30万元,开发阶段发生支出125万元。开发阶段的支出均满足资本化条件,4月15

日，该软件开发成功并依法申请了专利。支付相关手续费 1 万元，不考虑其他因素，该项无形资产的入账价值为（　　）万元。

A. 126　　B. 155　　C. 125　　D. 156

【答案】A

【分析】无形资产的入账价值 = 125 + 1 = 126（万元）。

2.【2017 年】下列各项中，关于无形资产摊销的会计处理表述正确的是（　　）。

A. 无形资产摊销额应全部计入管理费用

B. 用于生产产品的无形资产的摊销额应计入其他业务成本

C. 使用寿命不确定的无形资产不应摊销

D. 使用寿命有限的无形资产自可供使用下月开始摊销

【答案】C

【分析】无形资产摊销额应记入“管理费用”“其他业务成本”“生产成本”“制造费用”等账户，选项 A 错误。用于生产产品的无形资产的摊销额如果是只用于一种产品，计入生产成本。如果是用于多种产品，则需要先计入制造费用，再分别计入各产品的生产成本。选项 B 错误。使用寿命有限的无形资产自可供使用当月开始摊销，选项 D 错误。

3.【2017 年】某企业自行研发一项非专利技术累计支出 680 万元，其中 280 万元属于开发阶段符合资本化条件的支出，240 万元属于研究阶段的支出，160 万元属于无法可靠区分研究阶段和开发阶段的支出。该技术研发完成并形成一项非专利技术。不考虑其他因素，该非专利技术的入账价值为（　　）万元。

A. 520　　B. 680　　C. 280　　D. 440

【答案】C

【分析】开发阶段符合资本化条件的支出计入无形资产，所以该非专利技术的入账价值为 280 万元。无法可靠区分研究阶段的支出和开发阶段的支出，应全部费用化，计入当期损益。

二、判断题

1.【2016 年】除房地产企业以外的企业单独取得的土地使用权，应将取得时发生的支出资本化作为无形资产成本。（　　）

【答案】√

2.【2017 年】会计期末，企业应对使用寿命不确定的无形资产进行摊销。（　　）

【答案】×

【分析】使用寿命不确定的无形资产不摊销。

▶【同步训练】

一、单项选择题

1. 甲企业为增值税一般纳税人，2018 年 5 月 2 日购入一项商标权，支付的买价为 70 万元，增值税进项税额 4.2 万元，为使该项商标权达到预定用途，另支付其他相关支出 8 万元，该无形资产的入账价值为（　　）万元。

A. 78　　B. 90　　C. 70　　D. 8

2. 下列各项中，不会引起无形资产账面价值发生增减变动的是（　　）。

A. 对无形资产计提减值准备　　B. 发生无形资产日常维护支出

C. 摊销无形资产　　D. 转让无形资产所有权

3. 自行研发并按法定程序申请取得无形资产之前，开发过程中发生的支出符合资本化的，最终应（　　）。

A. 计入无形资产成本　　B. 从管理费用中转入无形资产

C. 计入当期损益　　D. 计入当期长期待摊费用

4. 某企业出售一项 3 年前取得的专利权，该专利权取得时的成本为 50 万元，按 10 年采用直线法摊销，出售时取得收入 40 万元。不考虑其他税费，则出售该项专利时影响当期的损益为（　　）万元。

A. 10　　B. 12　　C. 3　　D. 5

二、多项选择题

1. 下列各项中，属于企业无形资产的有（　　）。

A. 专利权　　B. 商标权　　C. 著作权　　D. 商誉

2. 根据企业会计准则的规定，下列无形资产研发支出中，可能计入无形资产入账价值的有（　　）。

A. 研究过程中的调查支出　　B. 开发过程中的研发支出

C. 开发过程中领用的材料　　D. 开发过程中发生的人工费

3. 企业进行无形资产摊销时，下列做法正确的有（　　）。

A. 管理用无形资产摊销：借记“管理费用”账户，贷记“累计摊销”账户

B. 生产车间用无形资产摊销：借记“制造费用”账户，贷记“累计摊销”账户

C. 企业筹建期间无形资产摊销（费用化的）：借记“管理费用”账户，贷记“累计摊销”账户

D. 自建工程使用的无形资产摊销：借记“在建工程”账户，贷记“累计摊销”账户

4. 关于无形资产处置，下列说法中正确的有（　　）。

A. 企业出售无形资产，应当将取得的价款与该无形资产账面价值的差额计入当期损益

B. 企业出售无形资产，应当将取得的价款与该无形资产账面净值的差额计入当期损益

C. 无形资产预期不能为企业带来经济利益的，应当将该无形资产的账面价值予以转销

D. 无形资产预期不能为企业带来经济利益的，也应按原预定方法和使用寿命摊销

三、判断题

1. 企业外购无形资产发生的相关税费不应计入其成本中。（　　）

2. 企业无法可靠区分研究阶段的支出和开发阶段的支出的，应将其发生的研发支出全部费用化，计入当期损益。（　　）

3. 对于企业取得的所有无形资产，均应当按期摊销。（　　）

4. 不再能够为企业带来经济利益的无形资产，其摊余价值应当全部转入当期损益。（　　）

四、实训题

（一）目的：掌握无形资产折旧的计算。

（二）资料：A 公司于 2016 年 1 月 5 日购入专利权支付价款 225 万元。该无形资产预计使用年限为 7 年，法律规定使用年限为 5 年。2017 年 12 月 31 日，由于与该无形资产相关的经济因素发生不利变化，致使其发生减值，A 公司估计可收回金额为 90 万元。该无形资产按照直线法进行摊销，预计使用年限不变。

（三）要求：计算截至 2018 年年底，无形资产的累计摊销额。

同步训练
答案及分析

▶ 第八节　长期待摊费用

▶【典型真题分析】

一、单项选择题

【2015 年】下列各项中，通过“长期待摊费用”核算的是（　　）。

A. 行政管理部门发生的固定资产日常修理费用支出

B. 生产车间发生的固定资产日常修理费用支出

C. 经营租入固定资产发生的改良支出

D. 融资租入固定资产发生的改良支出

【答案】C

【分析】选项 AB 计入管理费用；选项 D 计入固定资产的成本。

二、判断题

【2017 年】企业以经营租赁方式租入房屋的改良支出应确认为长期待摊费用。（　　）

【答案】√

▶【同步训练】

一、单项选择题

1. 以经营租赁方式租入的固定资产发生的改良支出，应借记的账户是（　　）。

A. 固定资产　　B. 在建工程

C. 长期待摊费用　　D. 管理费用

2. 2018年3月1日，某企业对经营租赁方式租入的办公楼进行装修，发生职工薪酬15万元，其他费用45万元。2018年10月31日，该办公楼装修完工，达到预定可使用状态并交付使用，至租赁到期还有5年。假定不考虑其他因素，该企业发生的装修费用对2018年度损益的影响金额为(　　)万元。

A. 45　　B. 12　　C. 2　　D. 60

3. 甲企业经营租入办公楼一栋，经营需要重新装修，装修材料成本200 000元，增值税32 000元，付给装修工人工资50 000元，该办公楼应长期分摊的装修支出为(　　)元。

A. 284 000　　B. 250 000　　C. 234 000　　D. 200 000

二、多项选择题

2018年4月1日，丙公司对其以经营租赁方式新租入的办公楼进行装修，发生以下有关支出：领用生产用材料50万元，购进该批原材料时支付的增值税进项税额为8万元；辅助生产车间为该装修工程提供的劳务支出为18万元；有关人员工资等职工薪酬为52万元。2018年11月30日，该办公楼装修完工，达到预定可使用状态并交付使用，并按租赁期10年开始进行摊销。假定不考虑其他因素，下列关于丙公司会计处理正确的表述有(　　)。

A. 装修完工时计入长期待摊费用的金额为120万元

B. 装修完工时计入长期待摊费用的金额为111.5万元

C. 2018年的摊销额为1万元

D. 2018年的折旧额为0.93万元

三、判断题

1. 企业以经营租赁方式租入的固定资产发生的改良支出，应直接计入固定资产成本。(　　)

2. 企业在筹建期间发生的开办费应先记入“长期待摊费用”，在开始经营后的第一个月一次转入当期损益。(　　)

3. 企业的长期待摊费用如果不能使以后会计期间受益的，应将其摊余价值全部转入当期损益。(　　)

同步训练
答案及分析

第三章　负　　债

本章重点与难点

1. 应付及预收款项的账务处理。
2. 应付职工薪酬的分类和账务处理。
3. 应交税费账户的设置和账务处理。

知识点结构图

- 负债
  - 短期借款★
    - 企业向银行或其他金融机构等借入的期限在一年以下(含一年)的各种款项
    - 计提短期借款利息
      - 借：财务费用
      - 　贷：应付利息
      - 数额不大的，可以不预提，在实际支付或者收到计息通知时，直接计入当期损益
  - 应付及预收账款★★
    - 应付账款
      - 若应付账款带有现金折扣，按扣除前的应付款总额入账，不得扣除现金折扣
      - 无法支付的应付账款转入营业外收入
    - 应付票据
      - 商业承兑汇票和银行承兑汇票
        - 银行承兑汇票支付的手续费计入当期财务费用
      - 无力支付的商业承兑汇票，转入应付账款；无力支付的银行承兑汇票，转入短期借款
    - 对比记忆（无法支付的应付账款转入营业外收入 ↔ 无力支付的商业承兑汇票，转入应付账款；无力支付的银行承兑汇票，转入短期借款）
    - 应付利息
      - 核算短期借款、分期付息到期还本的长期借款、企业债券等应支付的利息
      - 计提利息
        - 借：在建工程/财务费用/管理费用
        - 　贷：应付利息
    - 预收账款
      - 借方登记冲销的预收账款和退回购货方多付的账款；贷方登记发生的预收账款和购货单位补付的账款
  - 应付职工薪酬★★★
    - 职工薪酬包括：短期薪酬、离职后福利、辞退福利和其他长期职工福利
    - 短期薪酬的核算
      - 货币性职工薪酬
        - 工资、奖金、津贴和补贴，职工福利费，国家规定计提标准的职工薪酬，短期带薪缺勤
        - 注意不同职工薪酬的核算
      - 非货币性职工薪酬
        - 自产产品：视同销售，确认收入并结转成本
        - 拥有的房屋等资产：计提的折旧计入相关资产成本或当期损益
        - 租赁住房：应付的租金计入相关资产成本或当期损益
    - 设定提存计划的核算
  - 应交税费★★★
    - 应交增值税
      - 一般纳税人、小规模纳税人的账务处理
        - 注意视同销售行为的核算
    - 应交消费税
      - 产品销售和委托加工的账务处理
    - 其他应交税费
      - 资源税、城市维护建设税、教育费附加
      - 土地增值税
        - 税金及附加：经营房地产
        - 固定资产清理：转让的土地使用权连同地上建筑物及其附着物一并在固定资产核算的
        - 土地使用权单独作为“无形资产”核算的，最终影响资产处置损益
      - 房产税、车船税、土地使用税、印花税
        - “四税”通过“税金及附加”账户核算
      - 个人所得税

▶ 第一节　负债概述

▶【典型真题分析】

暂无典型真题。

▶【同步训练】

一、单项选择题

1. 下列各项中,不属于负债的基本特征的是(　　)。
   A. 负债是企业承担的现时义务
   B. 负债预期会导致经济利益流出企业
   C. 负债是由企业过去的交易或者事项形成的
   D. 未来流出的经济利益的金额能够可靠地计量
2. 以下属于资产负债表非流动负债的是(　　)。
   A. 预收账款　　B. 其他应付款
   C. 应付股利　　D. 递延收益
3. 分期付息应确认为流动负债中的(　　)。
   A. 应付利息　　B. 应计利息　　C. 财务费用　　D. 应付账款
4. 下列各项中,不属于企业流动负债的是(　　)。
   A. 预收购货单位的款项　　B. 预付采购材料款
   C. 应付采购商品货款　　D. 购买材料开出的商业承兑汇票
5. 下列各项中,会导致负债总额变化的是(　　)。
   A. 从银行借款直接偿还应付账款　　B. 赊购商品
   C. 开出银行汇票　　D. 用盈余公积转增资本

二、判断题

1. 企业购入货物验收入库后,若货款尚未支付,发票账单尚未收到,应在月末按照估计的金额确认一笔负债,反映在资产负债表有关负债项目中。(　　)
2. 某企业与银行达成了5个月后借入1 000万元的借款意向书,形成该企业的一项负债。(　　)

同步训练
答案及分析

▶ 第二节 短期借款

▶【典型真题分析】

单项选择题

1.【2017 年】2016 年 1 月 1 日，某企业向银行借入资金 600 000 元，期限为 6 个月，年利率为 5%，借款利息分月计提，季末交付，本金到期一次归还。下列各项中，2016 年 6 月 30 日，该企业交付借款利息的会计处理正确的是（　　）。

A. 借：财务费用　　5 000
　　应付利息　　2 500
　　贷：银行存款　　7 500

B. 借：财务费用　　7 500
　　贷：银行存款　　7 500

C. 借：应付利息　　5 000
　　贷：银行存款　　5 000

D. 借：财务费用　　2 500
　　应付利息　　5 000
　　贷：银行存款　　7 500

【答案】D

【分析】借款利息分月计提，按季支付。

计提 4 月份利息：

借：财务费用　　（600 000×5%/12）2 500
　　贷：应付利息　　2 500

计提 5 月份利息处理同上。

2016 年 6 月 30 日支付利息时：

借：应付利息　　5 000（已计提 4、5 月份利息）
　　财务费用　　2 500
　　贷：银行存款　　7 500

2.【2017 年】下列各项中，企业计提短期借款利息费用应贷记的会计账户是（　　）。

A. 其他应付款　　B. 短期借款
C. 银行存款　　D. 应付利息

【答案】D

▶【同步训练】

单项选择题

1. 2018 年 9 月 1 日，某企业向银行借入一笔期限 2 个月、到期一次还本付息的生产经营周转借款 200 000 元，年利率 6%。借款利息不采用预提方式，于实际支付时确认。11 月 1 日，企业以银行存款偿还借款本息的会计处理正确的是（　　）。

A. 借：短期借款　200 000
　　应付利息　2 000
　贷：银行存款　202 000

B. 借：短期借款　200 000
　　应付利息　1 000
　　财务费用　1 000
　贷：银行存款　202 000

C. 借：短期借款　200 000
　　财务费用　2 000
　贷：银行存款　202 000

D. 借：短期借款　202 000
　贷：银行存款　202 000

2. 2018 年 7 月 1 日，某企业向银行借入 500 万元的借款，期限 3 个月，到期一次还本付息，年利率为 3%，借款利息按月预提，2018 年 9 月 30 日该短期借款的账面价值为（　　）万元。

A. 496.25　　B. 515　　C. 503.75　　D. 500

3. 假设企业每月末计提利息，企业每季度末收到银行寄来的短期借款利息付款通知单时，应贷记（　　）账户。

A. 库存现金　　B. 银行存款
C. 财务费用　　D. 应付利息

同步训练
答案及分析

▶第三节　应付及预收款项

▶【典型真题分析】

一、单项选择题

【2017 年】下列各项中，企业无力支付到期的银行承兑汇票，应将应付票据账面余额转入

的会计账户是（ ）。

A. 长期借款　　B. 短期借款

C. 其他应付款　　D. 应付账款

【答案】B

【分析】相关会计分录为：

借：应付票据

　贷：短期借款

二、判断题

【2017 年】企业经批准转销无法支付的应付账款，应按其账面余额记入“其他综合收益”账户。（ ）

【答案】×

【分析】企业无法支付的应付账款应通过营业外收入核算。

▶【同步训练】

一、单项选择题

1. 对于企业到期无力支付的商业承兑汇票，应转入的账户是（ ）。

A. 贷记“应付账款”账户　　B. 贷记“长期借款”账户

C. 贷记“短期借款”账户　　D. 贷记“其他应付款”账户

2. 某企业用一张期限为 6 个月的带息商业承兑汇票支付货款，票面价值为 100 万元，票面年利率为 4%。该票据到期时，企业应支付的金额为（ ）万元。

A. 100　　B. 102　　C. 104　　D. 140

3. 某公司 2019 年 1 月 1 日向银行借入款项 60 万元，期限 6 个月，年利率为 6%，到期还本，按月计提利息，按季付息。该企业 1 月 31 日应计提的利息为（ ）万元。

A. 0.3　　B. 0.6　　C. 0.9　　D. 3.6

4. 预收账款属于企业的一项（ ）。

A. 资产　　B. 负债

C. 所有者权益　　D. 利润

二、多项选择题

1. 下列关于应付账款的处理中，正确的有（ ）。

A. 货物与发票账单同时到达，待货物验收入库后，按发票账单登记入账

B. 货物已到，但至月末时发票账单还未到达，应在月份终了时暂估入账

C. 应付账款一般按到期时应付金额的现值入账

D. 企业采购业务中形成的应付账款，在确认其入账价值时不需要考虑将要发生的现金折扣

2. “预收账款”账户贷方登记（ ）。

A. 预收货款的数额
B. 企业向购货方发货后冲销的预收货款的数额
C. 收到购货单位补付货款的数额
D. 退回购货方多付货款的数额

三、判断题

1. “应付票据”只能用于核算企业购买材料、商品和接受劳务供应等而开出的银行承兑汇票。（ ）
2. “应付利息”账户借方登记按照合同约定计算的应付利息，贷方登记实际支付的利息。（ ）
3. 预收账款属于流动负债，因此，如果企业不单设预收账款，可以将预收账款并入“应付账款”账户核算。（ ）

同步训练
答案及分析

▶ 第四节 应付职工薪酬

▶【典型真题分析】

一、单项选择题

1.【2018年】下列各项中，不属于“应付职工薪酬”账户核算内容的有（ ）。
A. 发放给员工的生活困难补助　　B. 报销员工出差的差旅费
C. 给员工支付的培训支出　　D. 离职后福利

【答案】B

【分析】选项A，发放给员工的生活困难补助

借：生产成本或管理费用等（即根据受益对象，计入相关资产成本或当期损益）
　　贷：应付职工薪酬——职工福利费

选项B，报销员工出差的差旅费

借：管理费用等
　　贷：其他应收款

选项C，给员工支付的培训支出

借：应付职工薪酬——职工教育经费
　　贷：银行存款

选项D，离职后福利

借：管理费用等（即根据受益对象，计入相关资产成本或当期损益）
　　贷：应付职工薪酬——设定提存计划——基本养老保险或失业保险

2.【2017 年】企业将自有房屋无偿提供给本企业行政管理人员使用，下列各项中，关于计提房屋折旧的会计处理表述正确的是（　　）。

A. 借记“其他业务成本”账户，贷记“累计折旧”账户

B. 借记“其他应收款”账户，贷记“累计折旧”账户

C. 借记“营业外支出”账户，贷记“累计折旧”账户

D. 借记“管理费用”账户，贷记“应付职工薪酬”账户，同时借记“应付职工薪酬”账户，贷记“累计折旧”账户

【答案】D

【分析】企业将自有房屋无偿提供给本企业行政管理人员使用，在计提折旧时：

借：管理费用

　　贷：应付职工薪酬——非货币性福利

借：应付职工薪酬——非货币性福利

　　贷：累计折旧

3.【2017 年】某企业计提生产车间管理人员基本养老保险费 120 000 元。下列各项中，关于该事项的会计处理正确的是（　　）。

A. 借：管理费用　　120 000

　　贷：应付职工薪酬——设定提存计划——基本养老保险费　　120 000

B. 借：制造费用　　120 000

　　贷：应付职工薪酬——设定提存计划——基本养老保险费　　120 000

C. 借：制造费用　　120 000

　　贷：银行存款　　120 000

D. 借：制造费用　　120 000

　　贷：其他应付款　　120 000

【答案】B

【分析】计提生产车间管理人员的养老保险费：

借：制造费用　　120 000

　　贷：应付职工薪酬——设定提存计划——基本养老保险费　　120 000

二、判断题

1.【2017 年】企业应当在职工提供了服务从而增加了其未来享有的带薪缺勤权利时，确认与非累积带薪缺勤相关的职工薪酬。（　　）

【答案】×

【分析】企业应当在职工提供了服务从而增加了其未来享有的带薪缺勤权利时，确认与累积带薪缺勤相关的职工薪酬。

2.【2017 年】资产负债表日企业按工资总额的一定比例计提的基本养老保险费属于设定提存计划，应确认为应付职工薪酬。（　　）

【答案】√

▶【同步训练】

一、单项选择题

1. 下列各项中，不属于职工薪酬核算内容的是（　　）。

A. 住房公积金

B. 工会经费和职工教育经费

C. 职工因公出差的差旅费

D. 因解除与职工的劳动关系给予的补偿

2. 不属于国家（或企业年金计划）统一规定了计提基础和计提比例的是（　　）。

A. 医疗保险费　　B. 养老保险费

C. 职工福利费　　D. 生育保险费

3. 下列各项中，不属于职工福利费用的是（　　）。

A. 职工异地安家费　　B. 防暑降温费

C. 丧葬补助费　　D. 医疗保险费

4. 甲企业结算本月管理部门人员的应付职工工资共 500 000 元，代扣该部门职工个人所得税 30 000 元，实发工资 470 000 元。下列该企业会计处理中，不正确的是（　　）。

A. 借：管理费用　　500 000
　　贷：应付职工薪酬　　500 000

B. 借：应付职工薪酬　　30 000
　　贷：应交税费——应交个人所得税　　30 000

C. 借：其他应收款　　30 000
　　贷：应交税费——应交个人所得税　　30 000

D. 借：应付职工薪酬　　470 000
　　贷：银行存款　　470 000

5. 甲公司为增值税一般纳税人，适用的增值税税率为 16%。年末将 20 台本企业自产的冰箱作为福利发给本企业职工，该冰箱的成本为每台 1 000 元，市场售价为 2 000 元 / 台（不含增值税）。则下列说法正确的是（　　）。

A. 实际发放时，记入"应付职工薪酬"的金额为 40 000 元

B. 实际发放时，记入"应交税费——应交增值税（销项税额）"的金额为 3 200 元

C. 将自产产品作为福利发放给员工不视同销售，但需要确认收入结转成本

D. 将自产产品作为福利发放给员工视同销售，并且要确认收入结转成本

二、多项选择题

1. 下列各项中，属于企业应付职工薪酬核算内容的有（　　）。

A. 离职后福利　　B. 医疗保险费

C. 长期残疾福利　　D. 辞退福利

2. 下列各项中，属于短期薪酬的有（　　）。

A. 职工工资　　B. 医疗保险费

C. 辞退福利　　D. 津贴和补贴

3. 关于非货币性职工薪酬，说法正确的有（　　）。

A. 企业将拥有的房屋等资产无偿提供给职工使用的，应当根据受益对象，按照该住房的公允价值计入相关资产成本或当期损益，同时确认应付职工薪酬

B. 难以认定受益对象的非货币性福利，直接计入当期损益和应付职工薪酬

C. 企业租赁住房等资产供职工无偿使用的，应当根据受益对象，将每期应付的租金计入相关资产成本或当期损益，并确认应付职工薪酬

D. 企业以其自产产品作为非货币性福利发放给职工的，应当根据受益对象，按照产品的账面价值，计入相关资产成本或当期损益，同时确认应付职工薪酬

三、判断题

1. "应付职工薪酬"账户期末借方余额反映企业应付未付的职工薪酬。（　　）

2. 应付职工薪酬包括职工在职期间和离职后提供给职工的全部货币性薪酬和非货币性福利，也包括解除劳务关系给予的补偿。（　　）

3. 只有企业在职工劳动合同到期之前解除与职工的劳动关系的情况下，职工才可以享受辞退福利。（　　）

同步训练
答案及分析

▶ 第五节　应交税费

▶【典型真题分析】

一、单项选择题

【2016 年】某企业本期实际应交增值税 1 100 000 元，城镇土地使用税 200 000 元，消费税 500 000 元，土地增值税 350 000 元，城市维护建设税税率为 7%。下列关于城市维护建设税的处理，正确的是（　　）。

A. 借：管理费用　　112 000
　　贷：应交税费——应交城市维护建设税　　112 000

B. 借：管理费用　　150 500
　　贷：应交税费——应交城市维护建设税　　150 500

C. 借：税金及附加　　112 000
　　贷：应交税费——应交城市维护建设税　　112 000

D. 借：税金及附加　　150 500
　　贷：应交税费——应交城市维护建设税　　150 500

【答案】C

【分析】城市维护建设税 =（1 100 000 + 500 000）× 7% = 112 000（元），应记入“税金及附加”账户。

二、多项选择题

1.【2018 年】下列各项中，属于增值税一般纳税人应在“应交税费”科目下设置的明细科目有（　　）。

A. 待抵扣进项税额　　B. 预交增值税

C. 简易计税　　D. 待转销项税额

【答案】ABCD

【分析】增值税一般纳税人应当在“应交税费”科目下设置“应交增值税”“未交增值税”“预交增值税”“待抵扣进项税额”“待认证进项税额”“待转销项税额”“增值税留抵税额”“简易计税”“转让金融商品应交增值税”“代扣代交增值税”等明细科目。

2.【2018 年】下列各项中，关于增值税一般纳税人会计处理表述正确的有（　　）。

A. 已单独确认进项税额的购进货物用于投资，应贷记“应交税费——应交增值税（进项税额转出）”账户

B. 将委托加工的货物用于对外捐赠，应贷记“应交税费——应交增值税（销项税额）”账户

C. 已单独确认进项税的购进货物发生非正常损失，应贷记“应交税费——应交增值税（进项税额转出）”账户

D. 企业管理部门领用本企业生产的产品，应贷记“应交税费——应交增值税（销项税额）”账户

【答案】BC

【分析】选项 A，应当视同销售，确认应交税费——应交增值税（销项税额）；选项 D，不视同销售，直接借记“管理费用”，贷记“库存商品”。

三、判断题

【2017 年】企业代扣代缴的个人所得税，不通过“应交税费”账户进行核算。（　　）

【答案】×

【分析】企业代扣代缴的个人所得税，通过“应交税费——应交个人所得税”账户进行核算。

▶【同步训练】

一、单项选择题

1. 某企业为增值税一般纳税人，2018 年实际应缴纳税金情况如下：增值税 850 万元，消费税 650 万元，耕地占用税 80 万元，车船税 0.5 万元，印花税 1.5 万元，所得税 120 万元。上述各项税金应记入“应交税费”账户的金额是（　　）万元。

A. 1 690.5　　B. 1 620.5　　C. 1 621.5　　D. 1 622

2. 下列各项中，准予从销项税额中抵扣进项税额的是（　　）。
   A. 增值税一般纳税人取得的增值税专用发票
   B. 增值税一般纳税人取得的普通发票
   C. 增值税小规模纳税人取得的增值税专用发票
   D. 增值税小规模纳税人取得的普通发票
3. 甲企业为增值税一般纳税人，本月发生进项税额 1 600 万元，销项税额 4 800 万元，进项税额转出 48 万元，同时月末以银行存款缴纳增值税 1 000 万元，那么本月尚未缴纳的增值税为（　　）万元。
   A. 4 152　　B. 3 248　　C. 2 152　　D. 2 248
4. 根据增值税扣税凭证抵减销项税额并调整成本时，涉及的会计账户是（　　）。
   A. 应交税费——应交增值税（进项税额）
   B. 应交税费——销项税额抵减
   C. 应交税费——应交增值税（销项税额抵减）
   D. 应交税费——应交增值税（销项税额）

二、多项选择题

1. 下列关于“应交税费”账户表述正确的有（　　）。
   A. 借方登记实际交纳的税费
   B. 贷方登记应交纳的各种税费
   C. 期末余额一般是在贷方，反映企业尚未交纳的税费
   D. 不可能出现借方余额
2. 对小规模纳税企业，下列说法中正确的有（　　）。
   A. 小规模纳税企业销售货物或者提供应税劳务，一般情况下，只能开具普通发票，不能开具增值税专用发票
   B. 小规模纳税企业销售货物或提供应税劳务，实行简易办法计算应纳税额，按照不含税销售额的一定比例计算征收
   C. 小规模纳税企业在“应交增值税”明细账户下应设置“已交税金”等专栏
   D. 小规模纳税企业购入货物取得增值税专用发票，其支付的增值税税额可计入进项税额，并由销项税额抵扣，而不计入购入货物的成本
3. 下列属于增值税税控系统专用设备的有（　　）。
   A. 增值税防伪税控系统设备
   B. 货物运输业增值税专用发票税控系统设备
   C. 机动车销售统一发票税控系统
   D. 税控盘和传输盘

三、判断题

1. 企业代扣代缴的个人所得税、印花税、耕地占用税，通过“应交税费”账户核算。（　　）
2. 企业以自己生产的产品分配给投资者，不需计算缴纳增值税。（　　）

3. 企业购进的货物发生非正常损失，以及将购进货物改变用途的（如用于集体福利或个人消费等），其进项税额应通过“应交税费——应交增值税（进项税额转出）”账户核算。（　　）
4. 对于小规模纳税企业来说，不需要在“应交增值税”明细账户中设置专栏。（　　）
5. 企业应交的各种税费，均应通过“应交税费”账户核算。（　　）
6. 企业实际转让金融商品，月末，如产生转让收益，则按应纳税额，应借记“投资收益”账户。（　　）
7. 企业发生增值税税控系统专用设备技术维护费应按实际支付或应付的金额，借记“财务费用”账户，贷记“银行存款”等账户。（　　）

同步训练
答案及分析

第四章　所有者权益

本章重点与难点

1. 实收资本增减变动的账务处理。
2. 资本公积增减变动的账务处理。
3. 留存收益增减变动的账务处理及可供分配利润的计算。

知识点结构图

- 所有者权益
  - 实收资本 ★★
    - 接受现金资产的投资
      - 借：银行存款
      - 贷：实收资本(股本)
      - 资本公积——资本溢价(股本溢价)
    - 接受非现金资产投资
      - 接受投入固定资产
      - 接受投入材料物资
      - 接受投入无形资产
      - 注意增值税进项税额的核算
    - 实收资本增减变动
      - 实收资本增加
        - 接受投资者追加投资
        - 资本公积转增资本
        - 盈余公积转增资本
      - 实收资本减少
        - 回购
          - 借：库存股
          - 贷：银行存款
        - 注销本公司股份
          - 借：股本
          - 资本公积——股本溢价(或贷记)
          - 贷：库存股
          - 注销库存股的账面余额与所冲减股本的差额冲减股本溢价，股本溢价不足冲减的，冲减留存收益
  - 注意区别（实收资本与资本公积）
  - 资本公积 ★
    - 包括资本溢价(股本溢价)和其他资本公积
    - 账务处理
      - 资本溢价(股本溢价)
        - 股票发行费用冲减股本溢价，不足抵扣的，冲减留存收益
      - 其他资本公积
        - 被投资单位除资本溢价（股本溢价）、净损益、其他综合收益和利润分配以外的所有者权益的其他变动
      - 资本公积转增资本
        - 借：资本公积
        - 贷：实收资本(股本)
  - 留存收益 ★★
    - 盈余公积
      - 企业按照有关规定从净利润中提取的积累资金
      - 可用于弥补亏损、转增资本或发放现金股利或利润等
    - 未分配利润
      - 企业实现的净利润经过弥补亏损、提取盈余公积和向投资者分配利润后留存在企业的、历年结存的利润
    - 账务处理
      - 利润分配
        - 可供分配的利润=当年实现净利润(或净亏损)+年初未分配利润(-年初未弥补亏损)+其他转入
        - 分配顺序
          - 1.提取法定盈余公积
          - 2.提取任意盈余公积
          - 3.向投资者分配利润
        - 年度终了，应将全年实现的净利润或发生的亏损，自“本年利润”转入“利润分配——未分配利润”账户，并将“利润分配”账户所属其他明细账户的余额，转入“未分配利润”明细账户
      - 盈余公积
        - 提取
          - 借：利润分配——提取法定(任意)盈余公积
          - 贷：盈余公积——法定(任意)盈余公积
        - 补亏
          - 借：盈余公积
          - 贷：利润分配——盈余公积补亏
        - 转增资本
          - 借：盈余公积
          - 贷：实收资本(股本)
        - 发放股利
          - 借：盈余公积
          - 贷：应付股利

第一节 所有者权益概述

【典型真题分析】

暂无典型真题。

【同步训练】

一、单项选择题

1. 下列各项中,不属于所有者权益的是(　　)。

A. 递延收益　　B. 盈余公积

C. 未分配利润　　D. 资本公积

2. 下列各项,能导致所有者权益总额发生增减变动的是(　　)。

A. 支付已宣告的现金股利　　B. 盈余公积补亏

C. 实际发放股票股利　　D. 宣告派发现金股利

二、多项选择题

1. 下列各项关于所有者权益与负债的说法,正确的有(　　)。

A. 所有者权益和负债都是企业资金的来源

B. 所有者权益和负债都是对企业资产的要求权,因此他们的性质一样

C. 所有者和债权人都能够参与企业利润的分配

D. 除非发生减资、清算或分派现金股利,企业不需要偿还所有者权益,负债是需要在规定的期限内进行偿还的

2. 下列各项中,属于企业所有者权益的有(　　)。

A. 资本公积　　B. 应付股利

C. 盈余公积　　D. 库存股

3. 下列各项中,应计入所有者权益的有(　　)。

A. 交易性金融资产的公允价值变动

B. 投资者超额缴入的资本

C. 股票发行的溢价

D. 记入"资本公积——其他资本公积"账户的被投资单位的其他权益变动

4. 甲公司注册资本总额为500万元,后来收到乙公司投入的现金120万元,在原注册资本中占20%的份额,甲公司进行账务处理时,可能涉及的账户有(　　)。

A. 银行存款　　B. 实收资本(或股本)

C. 资本公积　　D. 盈余公积

三、判断题

1. 所有者权益和负债都需要在规定的期限内进行偿还。（ ）
2. 所有者权益是指企业资产扣除负债后由所有者享有的剩余权益，公司所有者权益又称股东权益。（ ）
3. 企业在一定期间发生亏损，则企业在这一会计期间的所有者权益不一定减少。（ ）
4. 损失是由企业非日常活动所发生的、会导致所有者权益减少的、与向所有者分配利润无关的经济利益的流出。（ ）

同步训练
答案及分析

▶ 第二节 实收资本

▶【典型真题分析】

一、多项选择题

【2018 年】某公司由甲、乙投资者分别出资 100 万元设立，为扩大经营规模，该公司的注册资本由 200 万元增加到 250 万元，丙企业以现金出资 100 万元享有公司 20% 的注册资本。不考虑其他因素，该公司接受丙企业出资相关账户的会计处理结果正确的有（ ）。

A. 贷记“实收资本”账户 100 万元
B. 借记“银行存款”账户 100 万元
C. 贷记“资本公积”账户 50 万元
D. 贷记“盈余公积”账户 100 万元

【答案】BC

【分析】会计分录为：

借：银行存款	100
贷：实收资本——丙公司	（250×20%）50
资本公积	50

二、判断题

1.【2017 年】企业接受投资者投资，投资者超额缴入的资本应该计入资本公积。（ ）

【答案】√

2.【2017 年】除投资合同或协议约定价值不公允的以外，企业接受投资者作为资本投入的固定资产，应按投资合同或协议的约定价值确定其入账价值。（ ）

【答案】√

3.【2017 年】有限责任公司以资本公积转增资本，应当按照原出资者各自出资比例相应增加各出资者的出资金额。（ ）

【答案】√

▶【同步训练】

一、单项选择题

1. 甲、乙公司均为增值税一般纳税人，适用的增值税税率为 16%。甲公司接受乙公司投资的原材料一批，账面价值 100 000 元，投资协议约定的价值为 120 000 元，假定投资协议约定的价值与公允价值相符，增值税进项税额由投资方支付，并开具了增值税专用发票，该项投资没有产生资本溢价。甲公司实收资本的金额为(　　)元。

A. 100 000　　B. 116 000　　C. 120 000　　D. 139 200

2. 某非上市公司为一般纳税人，于设立时接受商品投资，则实收资本的入账金额为(　　)。

A. 评估确认的商品价值加上或减去商品进销差价
B. 商品的市场价值
C. 评估确认的商品价值
D. 商品的公允价值加上进项税额

3. 甲公司收到投资者作为资本投入的固定资产，合同约定该固定资产的价值为 1 500 万元，公允价值为 1 528 万元。假定不考虑增值税、资本溢价因素，甲公司收到该投资时，应计入实收资本的金额为(　　)万元。

A. 0　　B. 28　　C. 1 500　　D. 1 528

4. 某上市公司发行普通股 1 000 万股，每股面值 1 元，每股发行价格 5 元，支付手续费 20 万元，支付咨询费 60 万元。该公司发行普通股计入股本的金额为(　　)万元。

A. 1 000　　B. 4 920　　C. 4 980　　D. 5 000

5. 股份有限公司采用溢价发行股票方式筹集资本，其“股本”账户所登记的金额是(　　)。

A. 实际收到的款项
B. 股票面值与发行股票总数的乘积
C. 发行总收入减去支付给证券商的费用
D. 发行总收入加上支付给证券商的费用

6. 股份有限公司采用收购本公司股票方式减资的，按注销股票的面值总额减少股本，购回股票支付的价款超过面值的部分，应依次冲减的会计账户是(　　)。

A. 盈余公积、资本公积、利润分配——未分配利润
B. 利润分配——未分配利润、资本公积、盈余公积
C. 利润分配——未分配利润、盈余公积、资本公积
D. 资本公积、盈余公积、利润分配——未分配利润

7. 甲股份有限公司(简称甲公司)以每股 4 元的价格回购股票 1 000 万股，股票每股面值 1 元，共支付回购款 4 000 万元。回购前，公司的股本为 11 000 万元，资本公积为 3 000 万元(均为股票产生的溢价)，盈余公积为 450 万元，未分配利润为 550 万元。回购股票后甲公司经股东大会决议，并报有关部门核准，将回购的本公司股票注销，注销股票后所有者权益总额为(　　)万元。

A. 15 000　　B. 14 000　　C. 11 950　　D. 11 000

二、多项选择题

1. 下列关于接受现金资产投资的会计处理正确的有（　　）。
   A. 借记“银行存款”账户
   B. 贷记“实收资本”账户
   C. 实际收到的金额超过投资者在注册资本中所占份额的部分，计入资本公积——资本溢价
   D. 实际收到的金额超过投资者在注册资本中所占份额的部分，计入其他综合收益
2. 甲、乙、丙共同投资设立A有限公司，注册资本为2 000 000元，甲、乙、丙投入资本分别为1 200 000元、500 000元和300 000元。A有限公司如期收到各投资者一次缴足的款项。下列选项中说法正确的有（　　）。
   A. 甲公司所占比例是60%
   B. 乙公司所占比例是25%
   C. 丙公司所占比例是15%
   D. A公司所有者权益增加2 000 000元
3. 甲公司在筹建期间委托华东证券公司代理发行普通股3 000万股，每股面值1元，按每股1.02元的价格发行。甲公司与华东证券公司约定，华东证券公司按发行收入的3%收取手续费，从发行收入中扣除，甲公司的资本公积账户余额为100万元，均是发行股票产生的溢价收入。收到的股款已存入银行。在上述情况下，甲公司收到股款的会计分录可能涉及的账户有（　　）。
   A. 银行存款　　B. 财务费用
   C. 股本　　D. 盈余公积
4. 企业实收资本或股本增加的途径有（　　）。
   A. 股东大会宣告发放现金股利　　B. 接受投资者现金资产投资
   C. 经批准用盈余公积转增资本　　D. 经批准用资本公积转增资本
5. 股份有限公司采用回购本公司股票方式减资，在注销的时候，下列说法中不正确的有（　　）。
   A. 应按股票面值和注销股数计算的股票面值总额减少股本
   B. 应按股票面值和注销股数计算的股票面值总额减少库存股
   C. 应按股票面值和注销股数计算的股票面值总额增加股本
   D. 应按股票面值和注销股数计算的股票面值总额增加库存股

三、判断题

1. 企业接受的投资者以原材料投资，其增值税税额不能计入实收资本。（　　）
2. 企业接受投资者作为对价投入的材料物资时，当投资合同约定的价值与公允价值不相等时，应按投资合同约定的价值确定材料物资的价值和在注册资本中应享有份额。（　　）

3. 企业注销库存股，应按实际收到的金额，借记“银行存款”等账户，按注销库存股的账面余额，贷记“库存股”账户，按其差额，借记或贷记“投资收益”账户。 （ ）

四、实训题

（一）目的：掌握注销库存股的会计处理。

（二）资料：甲上市公司（以下简称“甲公司”）2017 年年初股本余额为 35 000 万元，资本公积（股本溢价）余额为 18 000 万元。2017 年至 2018 年发生与其股票有关的业务如下：

（1）2017 年 1 月 4 日，经股东大会决议，并报有关部门核准，增发普通股 40 000 万股，每股面值 1 元，每股发行价格 5 元，股款已全部收到并存入银行。假定不考虑相关税费。

（2）2017 年 6 月 20 日，经股东大会决议，并报有关部门核准，以资本公积 4 000 万元转增股本。

（3）2018 年 6 月 20 日，经股东大会决议，并报有关部门核准，以银行存款回购本公司股票 100 万股，每股回购价格为 3 元。

（4）2018 年 6 月 26 日，经股东大会决议，并报有关部门核准，将回购的本公司股票 100 万股注销。

（三）要求：

（1）编制资料（1）至资料（4）的会计分录。

（2）根据上述资料，计算 2018 年 6 月 30 日甲公司“股本”账户的余额。

（3）根据上述资料，计算 2018 年 6 月 30 日甲公司“资本公积”账户的余额。

同步训练
答案及分析

▶ 第三节 资本公积

▶【典型真题分析】

一、单项选择题

【2017 年】某股份有限公司首次公开发行普通股 500 万股。每股面值 1 元，发行价格 6 元，相关手续费和佣金共计 95 万元（不考虑增值税）。不考虑其他因素，该公司发行股票应计入资本公积的金额为（ ）万元。

A. 2 905　　B. 2 405　　C. 2 500　　D. 3 000

【答案】B

【分析】应计入资本公积的金额 = 500 × 6 − 500 − 95 = 2 405（万元）。

二、判断题

【2016 年】股份有限公司，溢价发行股票时，按面值计入股本，溢价收入扣除发行手续费、佣金等发行费用后的金额计入资本公积。（ ）

【答案】√

▶【同步训练】

一、单项选择题

1. 甲公司收到某投资者作为资本投入的银行存款 820 万元，在注册资本中所占的份额为 800 万元，则该业务计入甲公司资本公积的金额为（ ）万元。

A. 20　B. 820　C. 0　D. 800

2. 某有限责任公司由甲、乙两个股东各出资 140 万元设立，设立时注册资本总额为 280 万元，经过两年营运，该公司盈余公积和未分配利润合计为 80 万元，所有者权益总额为 360 万元，投资者丙有意加入，经各方协商同意丙公司以 240 万元出资，且丙在注册资本中享有的金额为该有限责任公司接受投资后所有者权益总额的 1/3，该有限责任公司在接受丙投资者投资时，应借记“银行存款”账户 240 万元，贷记（ ）。

A. “实收资本”账户 160 万元，“资本公积——资本溢价”80 万元

B. “实收资本”账户 140 万元，“资本公积——资本溢价”100 万元

C. “实收资本”账户 200 万元，“资本公积——资本溢价”40 万元

D. “实收资本”账户 200 万元

3. 下列各项中，不属于资本公积来源的是（ ）。

A. 资本溢价　B. 股本溢价

C. 报废无形资产形成的利得　D. 资本公积——其他资本公积

4. 下列各项中，应列入资产负债表“资本公积”项目的是（ ）。

A. 注销库存股时，回购价格低于面值的，其账面余额与所冲减股本的差额

B. 交易性金融资产发生的公允价值变动

C. 被投资企业宣告发放的现金股利

D. 企业利润的分配

5. A 上市公司发行普通股 2 000 万股，每股面值 1 元，每股发行价格 4 元，支付发行手续费 20 万元，A 公司发行普通股记入“资本公积——股本溢价”账户的金额是（ ）万元。

A. 6 000　B. 4 920　C. 5 980　D. 7 000

6. 甲股份有限公司委托 A 证券公司发行普通股 1 000 万股，每股面值 1 元，每股发行价格为 6 元。根据约定，股票发行成功后，甲股份有限公司应按发行总收入的 2% 向 A 证券公司支付发行费。如果不考虑其他因素，股票发行成功后，甲股份有限公司记入“资本公积”账户的金额应为（ ）万元。

A. 240　B. 4 880　C. 6 000　D. 7 760

7. 采用权益法核算长期股权投资时，对于被投资企业发生的除净损益、其他综合收益和

利润分配以外的其他所有者权益的变动，投资企业应按所拥有的表决权资本的比例计算应享有的份额，将其计入（　　）。

A. 资本公积　　B. 投资收益

C. 其他业务收入　　D. 营业外收入

二、多项选择题

1. 下列各项中，应记入“资本公积”账户贷方的有（　　）。
   A. 无法支付的应付账款
   B. 以资本公积转增资本
   C. 接受投资者以现金投资 200 万元，其中属于资本溢价的部分是 80 万元
   D. 接受投资者投入一批材料，投资双方确认的价值超过该投资者在注册资本中所占的份额
2. 下列各项中，不会引起资本公积账面余额发生变化的有（　　）。
   A. 对外捐赠商品　　B. 报废接受捐赠取得的固定资产
   C. 应付账款获得债权人豁免　　D. 接受无形资产捐赠
3. 下列各项中，应计入资本公积的有（　　）。
   A. 交易性金融资产的公允价值变动
   B. 投资者投入的资本超过其所占注册资本份额的差额
   C. 股票发行的溢价
   D. 其他资本公积

三、判断题

1. 股份公司发行股票相关的交易费用，应计入当期损益。（　　）
2. 经过股东大会或类似机构决议之后，可以使用资本公积转增资本。（　　）
3. 发行股票发生的相关手续费、佣金等交易费用，一般记入“投资收益”账户。（　　）
4. 在溢价发行股票的情况下，公司发行股票的溢价收入，直接冲减当期的财务费用。（　　）
5. 用资本公积转增资本属于留存收益内部的变动，不影响所有者权益。（　　）
6. 资本公积包括投资者的出资额超出其在注册资本（或股本）中所占份额的部分，以及其他资本公积等。（　　）
7. 公司按面值发行股票时，相关的交易费用应冲减资本公积——其他资本公积。（　　）

同步训练
答案及分析

第四节 留存收益

【典型真题分析】

一、单项选择题

1.【2016年】下列各项中，引起企业留存收益总额发生变化的是（　　）。

A. 提取法定盈余公积　　B. 宣告分配现金股利

C. 提取任意盈余公积　　D. 用盈余公积弥补亏损

【答案】B

【分析】选项B的相关分录为：

借：利润分配

　贷：应付股利

该事项导致留存收益减少。

2.【2015年】2014年年初某企业“利润分配——未分配利润”账户借方余额20万元，2014年度该企业实现净利润为160万元，根据净利润的10%提取盈余公积，2014年年末该企业可供分配利润的金额为（　　）万元。

A. 126　　B. 124　　C. 140　　D. 160

【答案】C

【分析】2014年年末该企业的可供分配利润的金额＝年初未分配利润＋本年实现的净利润＋其他转入＝−20＋160＝140（万元）。

二、多项选择题

【2017年】下列各项中，导致企业留存收益发生增减变动的有（　　）。

A. 盈余公积分配现金股利

B. 盈余公积弥补亏损

C. 资本公积转增资本

D. 盈余公积转增资本

【答案】AD

【分析】选项A，盈余公积减少，留存收益减少；选项B，属于留存收益内部的增减变动；选项C，不影响留存收益；选项D，盈余公积减少，留存收益减少。

三、判断题

【2017年】企业根据股东大会审议批准的利润分配方案确定分配给投资者的股票股利应确认为应付股利。（　　）

【答案】×

【分析】批准时不做账务处理，实际分配股票股利时，作如下会计处理：

借：利润分配——转作股本的股利

贷：股本

▶【同步训练】

一、单项选择题

1. 2018 年 1 月 1 日某企业所有者权益情况如下：实收资本 200 万元，资本公积 17 万元，盈余公积 38 万元，未分配利润 32 万元。当年实现净利润 80 万元，假定企业当年未进行利润分配，则该企业 2018 年 12 月 31 日留存收益为（ ）万元。

A. 32　　B. 38　　C. 70　　D. 150

2. A 公司 2018 年年初盈余公积为 260 万元，当年以其中的盈余公积转增资本 60 万元。当年实现净利润 300 万元，提取盈余公积 30 万元，以盈余公积向投资者分配股利 20 万元。该公司 2018 年年末盈余公积为（ ）万元。

A. 200　　B. 230　　C. 210　　D. 180

3. 下列各项中，不属于留存收益的是（ ）。

A. 资本溢价　　B. 任意盈余公积

C. 未分配利润　　D. 法定盈余公积

4. 某企业 2017 年发生亏损 100 万元，按规定可以用 2018 年度税前利润弥补，该企业 2018 年实现净利润 60 万元，弥补了上年部分亏损，2018 年年末企业对实现的会计利润的会计处理是（ ）。

A. 借记“利润分配——盈余公积补亏”60 万元，贷记“利润分配——未分配利润”60 万元

B. 借记“本年利润”60 万元，贷记“利润分配——未分配利润”60 万元

C. 借记“盈余公积”60 万元，贷记“利润分配——未分配利润”60 万元

D. 借记“利润分配——未分配利润”60 万元，贷记“利润分配——其他转入”60 万元

5. 某企业年初未分配利润为 1 100 万元，当年利润总额为 1 200 万元，所得税费用为 200 万元，该企业按 10% 提取法定盈余公积。假定不考虑其他因素，则该企业可供投资者分配的利润为（ ）万元。

A. 2 100　　B. 1 000　　C. 2 000　　D. 1 450

二、多项选择题

1. 下列各项中，年度终了需要转入“利润分配——未分配利润”账户的有（ ）。

A. 本年利润　　B. 利润分配——应付现金股利

C. 利润分配——盈余公积补亏　　D. 利润分配——提取法定盈余公积

2. 下列各项中，可以影响可供分配利润项目的因素有（ ）。

A. 年初未分配利润　　B. 当年实现的净利润

C. 提取的盈余公积　　D. 盈余公积补亏

三、判断题

1. 股本溢价是留存收益核算的范畴。（ ）
2. 留存收益包括资本公积和未分配利润。（ ）
3. 无论是以税前利润还是以税后利润弥补亏损，在会计上都无须做专门的会计分录，所不同的只是两者计算缴纳所得税时的处理不同而已。（ ）
4. “利润分配”总账的年末余额不一定与相应的资产负债表中未分配利润项目的数额一致。（ ）
5. 企业计提法定盈余公积的基数是当年实现的净利润和企业年初未分配利润之和。（ ）
6. 可供分配利润与可供投资者分配利润是一个概念。（ ）
7. 期初未分配利润有贷方余额，期末获利的情况下，计提盈余公积时，要包含期初的贷方余额。（ ）

同步训练
答案及分析

第五章　收　　入

本章重点与难点

1. 销售商品收入确认的时点及其账务处理。
2. 完工百分比法确认的条件和收入成本的计量。
3. 让渡资产使用权的内容及其账务处理。

知识点结构图

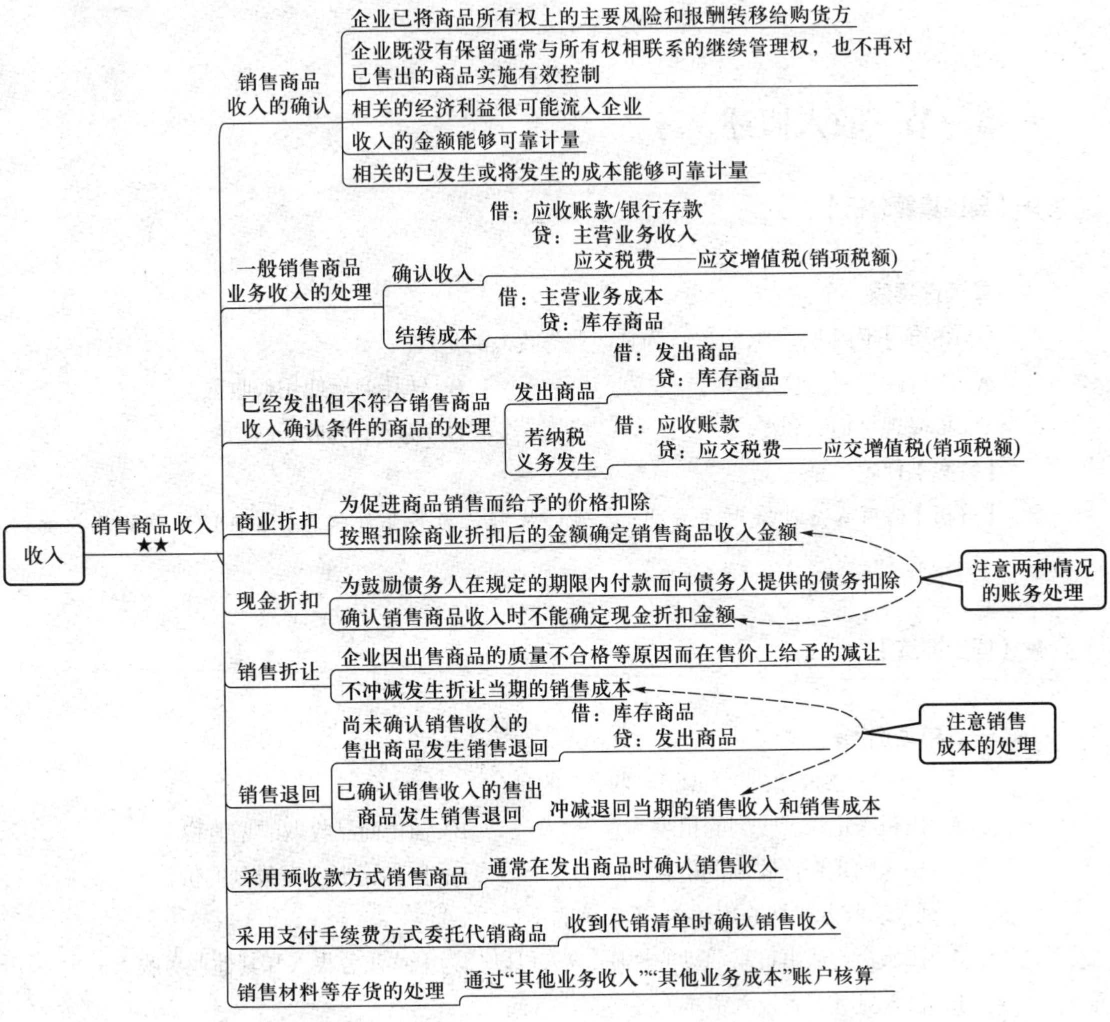

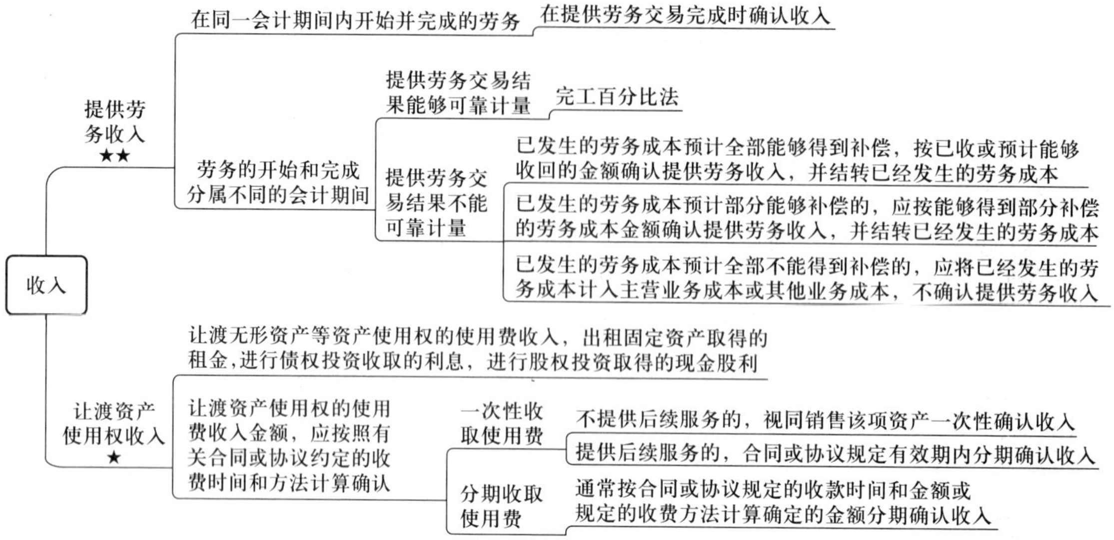

▶ 第一节　收入概述

▶【典型真题分析】

单项选择题

【2015 年】下列各项中，应确认为其他业务收入的是（　　）。

A. 银行存款利息收入　　B. 转让商标使用权收入

C. 接受现金捐赠利得　　D. 现金股利收入

【答案】B

【分析】选项 A 应冲减财务费用；选项 C 应确认为营业外收入；选项 D 应确认为投资收益。

▶【同步训练】

一、单项选择题

1. 下列各项收到的款项中，属于“收入”的是（　　）。

A. 出租固定资产收到的租金　　B. 销售商品收取的增值税

C. 出售固定资产收到的价款　　D. 出售无形资产收到的价款

2. 下列关于收入确认的表述中，不正确的是（　　）。

A. 按照企业从事日常活动的性质，收入可以分为主营业务收入和其他业务收入

B. 收入与所有者投入资本无关

C. 收入形成于企业的日常经营活动

D. 收入和利得的区别在于其是否形成于日常经营活动

二、多项选择题

1. 收入是企业在日常活动中产生的经济利益的总流入，下列各项中属于收入的有(　　)。

A. 报废无形资产所有权取得的净收益　　B. 销售商品收入

C. 提供劳务收入　　D. 出租无形资产收入

2. 下列选项中，表述正确的有(　　)。

A. 收入是企业在日常活动中形成的

B. 收入按企业从事日常活动的性质不同，分为主营业务收入和其他业务收入

C. 其他业务收入是指企业为完成其经营目标所从事的与经常性活动相关的活动实现的收入

D. 主营业务收入是指企业为完成其经营目标所从事的经常性活动实现的收入

3. 下列各项中，属于工业企业其他业务收入的有(　　)。

A. 出售辅料取得的收入　　B. 出售单独计价的包装物取得的收入

C. 报废设备取得的收入　　D. 出租包装物取得的收入

三、判断题

1. 作为六大会计要素之一的收入，通常不包括报废固定资产净收益、转让无形资产使用权取得的款项等。(　　)

2. 企业的收入包括主营业务收入、其他业务收入和营业外收入。(　　)

同步训练
答案及分析

▶第二节　销售商品收入

▶【典型真题分析】

一、单项选择题

1.【2017年】某企业售出商品发生销售退回，该商品销售尚未确认收入且增值税纳税义务尚未发生，该企业收到退回的商品应贷记的会计账户是(　　)。

A. 应收账款　　B. 其他业务成本

C. 发出商品　　D. 主营业务成本

【答案】C

2.【2017年改】某企业为增值税一般纳税人，适用的增值税税率为16%。2×16年11月1日，对外销售M商品20 000件，每件不含增值税销售价格为15元，给予10%的商业

折扣，符合收入确认条件。下列各项中，该企业销售商品会计处理正确的是（　　）。

A. 确认应交税费 4.8 万元　　B. 确认主营业务收入 27 万元

C. 确认管理费用 3 万元　　D. 确认财务费用 3 万元

【答案】B

【分析】相关会计分录为：

借：应收账款　31.32

　贷：主营业务收入　［20 000 × 15 ×（1 − 10%）/10 000］27

　　应交税费——应交增值税（销项税额）　4.32

3.【2017 年改】2 × 16 年 8 月 2 日，甲公司向乙公司赊销一批商品。增值税专用发票上注明的价款为 300 万元，增值税税额为 48 万元。符合收入确认条件。9 月 15 日，乙公司发现该批商品外观有问题，要求按不含税销售价格给予 5% 的折让。甲公司同意并开具了红字增值税专用发票。同日收到乙公司支付的货款。下列各项中，关于甲公司销售折让会计处理结果表述不正确的是（　　）。

A. 冲减应交税费 2.4 万元　　B. 冲减主营业务收入 15 万元

C. 增加销售费用 17.4 万元　　D. 冲减应收账款 17.4 万元

【答案】C

【分析】2 × 16 年 8 月 2 日，赊销商品：

借：应收账款　348

　贷：主营业务收入　300

　　应交税费——应交增值税（销项税额）　48

9 月 15 日，发生销售折让：

借：主营业务收入　15

　应交税费——应交增值税（销项税额）　2.4

　贷：应收账款　17.4

借：银行存款　330.6

　贷：应收账款　330.6

4.【2017 年】下列各项中，采用支付手续费方式委托代销商品，委托方支付的手续费应借记的会计账户是（　　）。

A. 其他业务成本　　B. 管理费用

C. 销售费用　　D. 主营业务成本

【答案】C

二、判断题

1.【2017 年】企业售出商品发生销售退回，对于已确认收入且不属于资产负债表日后事项的，应冲减退回当期的销售收入和销售成本。（　　）

【答案】√

2.【2017 年】如果销售商品不符合收入确认条件，在商品发出时不需要进行会计处理。

（　　）

【答案】×

【分析】

在商品发出时需做如下会计处理：

借：发出商品

  贷：库存商品

3.【2016 年】企业采用支付手续费方式委托代销，应将支付的手续费计入其他业务成本。（ ）

【答案】×

【分析】支付的手续费，应计入销售费用。

▶【同步训练】

一、单项选择题

1. 某企业销售商品收入 560 万元，提供劳务收入 110 万元，出租无形资产收入 320 万元，应计入营业收入的金额为（ ）万元。

A. 1 016 B. 670 C. 880 D. 990

2. 甲企业与乙企业签订一项电梯销售合同，其中有一个重要的组成部分就是甲企业负责电梯的安装工作，则甲企业确认商品销售收入的时点是（ ）。

A. 发出商品时 B. 收到商品销售货款时

C. 商品运抵并开始安装时 D. 商品安装完毕并检验合格时

3. 下列各项中，关于收入确认的表述正确的是（ ）。

A. 采用预收货款方式销售商品，应在收到货款时确认收入

B. 采用托收承付方式销售商品，应在货款全部收回时确认收入

C. 采用交款提货方式销售商品，应在开出发票收到货款时确认收入

D. 采用支付手续费委托代销方式销售商品，应在发出商品时确认收入

4. 企业对于已经发出且符合收入确认条件的商品（未计提存货跌价准备），其成本应借记的账户是（ ）。

A. 在途物资 B. 发出商品

C. 库存商品 D. 主营业务成本

5. 某企业为增值税一般纳税人，增值税税率为 16%。本月销售一批材料，价税合计为 6 032 元。该批材料计划成本为 4 200 元，材料成本差异率为 2%。不考虑其他因素，该企业销售材料应确认的损益为（ ）元。

A. 916 B. 1 084 C. 1 884 D. 1 968

6. 甲公司销售商品一批，商品的销售价款为 2 000 元，商业折扣 10%，增值税税率为 16%，现金折扣条件为 2/10，1/20，n/30。甲公司销售商品时为对方代垫运费 150 元（不考虑运费的增值税抵扣问题），则应收账款的入账金额为（ ）元。

A. 2 490 B. 2 238 C. 2 106 D. 2 340

7. 乙工业企业销售产品每件 230 元，若客户购买达到 100 件及以上的，可得到 20 元 / 件

的商业折扣。某客户 2018 年 12 月 10 日购买该企业产品 200 件，则乙工业企业因该项销售应确认的收入为（ ）元。

A. 40 000　B. 45 000　C. 46 000　D. 42 000

8. 企业销售商品确认收入后，对于客户实际享受的现金折扣，应当（ ）。

A. 确认当期财务费用　B. 冲减当期主营业务收入

C. 确认当期管理费用　D. 确认当期主营业务成本

9. 以下事项不影响主营业务收入确认金额的是（ ）。

A. 销售商品发生的销售折让　B. 销售商品发生的现金折扣

C. 销售商品发生的销售退回　D. 销售商品数量

10. 企业 2018 年 5 月售出的已确认销售收入的产品，2018 年 8 月被退回时，其冲减的销售收入应在退回当期记入（ ）账户的借方。

A. 以前年度损益调整　B. 待处理财产损溢

C. 本年利润　D. 主营业务收入

11. 采用预收款方式销售商品，通常应在（ ）时确认收入。

A. 实际收到货款　B. 发出商品

C. 合同约定的收款日期　D. 签订合同

二、多项选择题

1. 确认商品销售收入时所指的商品所有权上的主要风险和报酬包括（ ）。

A. 商品可能发生的减值风险

B. 商品可能发生的毁损风险

C. 商品增值或使用形成的经济利益

D. 商品由于质量问题的退货风险

2. 下列不属于商品所有权上的主要风险和报酬已转移给购买方的有（ ）。

A. 甲公司与乙公司签订一艘船舶定制合同，价值 5 000 万元，检验工作是合同的重要组成部分。甲公司已按时完成该船舶的建造，但尚未通过乙公司检验

B. 甲公司向乙公司销售某产品，甲公司承诺，如果售出商品在 2 个月内出现质量问题，客户可以要求退货。由于该产品是新产品，甲公司无法可靠估计退货比例

C. 甲公司销售一批货物给乙公司，为保证到期收回货款，甲公司暂时保留该货物的法定所有权

D. 甲公司向乙公司销售一批商品，并约定于 6 个月后按协议价格（不是回购时的公允价值）将所售商品租回

3. 企业在核算已经发出但尚未确认销售收入的商品成本时，可能会涉及的会计账户有（ ）。

A. 在途物资　B. 库存商品

C. 主营业务成本　D. 发出商品

4. 关于商业折扣的处理，下列表述不正确的有（ ）。

A. 销售企业应当将实际发生的商业折扣计入销售费用

B. 销售企业应当按照扣除商业折扣后的金额确定销售商品收入金额

C. 购买企业应按扣除商业折扣后的含税价款计入应付账款

D. 购买企业应当将享受的商业折扣冲减财务费用

5. 现金折扣方式销售产品，购货方在折扣期内付款，则下列处理中正确的有（　　）。

A. 按照扣除折扣后的净价确认销售收入

B. 按照商品总价确认销售收入

C. 给予购货方的折扣确认为财务费用

D. 给予购货方的折扣确认为销售费用

6. 甲企业 2018 年 10 月售出产品一批，并确认了收入，2018 年 12 月由于质量问题被退回时，在做相关处理时不会涉及的账户有（　　）。

A. 库存商品　　B. 营业外支出

C. 利润分配　　D. 主营业务收入

三、判断题

1. 企业只要将商品所有权上的主要风险和报酬转移给了购货方，并且商品已经发出，就可以确认收入。（　　）

2. 已完成销售手续、但是商品尚未被提走，销售方仍应将此商品作为库存商品核算。（　　）

3. 采用托收承付方式销售商品时，在实际收到货款时确认收入。（　　）

4. 企业在销售商品时如提供有商业折扣的，在确认收入时应将商业折扣的部分扣除。（　　）

5. 应付账款附有现金折扣的，应按照扣除现金折扣前的应付款总额入账。因在折扣期限内付款而获得的现金折扣，应在偿付应付账款时冲减财务费用。（　　）

6. 企业销售商品确认收入后，对于客户实际享受的现金折扣应当确认为当期财务费用。（　　）

7. 企业在确认销售收入之后发生的销售折让，应在实际发生时冲减发生当期的收入，并同时冲减已结转的成本。（　　）

8. 预收款销售方式下，销售方直到收到最后一笔款项时才将商品交付给购货方，在此之前按照预收的货款确认相等金额的收入。（　　）

9. 采用支付手续费委托代销方式下，委托方在发出商品时，商品所有权上的主要风险和报酬转移给了受托方，委托方在发出商品时应确认销售商品收入。（　　）

同步训练
答案及分析

第三节 提供劳务收入

【典型真题分析】

多项选择题

【2017 年】甲公司为一家培训公司，2016 年 12 月 1 日，甲公司与乙公司签订一项培训合同，期限 3 个月，截至 12 月 31 日，劳务合同进度不能可靠估计，已实际发生劳务成本 40 万元，预计仅收回 20 万元，下列处理正确的有(　　)。

A. 银行存款借记 20 万元　　B. 主营业务成本借记 40 万元

C. 主营业务收入贷记 20 万元　　D. 劳务成本借记 20 万元

【答案】BC

【分析】劳务结果不能可靠计量的跨期劳务，已经发生的劳务成本预计部分能够得到补偿的，以实际发生的成本确认劳务成本，按预计能够得到部分补偿的劳务成本的金额确认劳务收入。

【同步训练】

一、单项选择题

1. 下列各项可采用完工百分比法确认收入的是(　　)。
   A. 劳务的开始和完成分属不同的会计期间，且在资产负债表日劳务交易结果能够可靠估计的劳务
   B. 在同一会计年度开始并完成的劳务
   C. 委托代销商品
   D. 预收款方式销售商品
2. 下列关于在同一会计期间内开始并完成的劳务，表述不正确的是(　　)。
   A. 通常能在同一会计期间内开始并完成的劳务包括现金交易、为期 13 个月的工程劳务等
   B. 应在劳务交易完成时确认收入
   C. 劳务收入可能计入主营业务收入或其他业务收入
   D. 对于需要在同一会计期间持续一段时间的劳务，应先通过劳务成本归集劳务支出
3. 大明公司于 2018 年 8 月接受一项产品安装任务，安装期 5 个月，合同收入 200 000 元，当年实际发生成本 120 000 元，截至 2018 年 12 月末，预计已完工 80%，则该企业 2018 年度确认收入为(　　)元。
   A. 120 000　　B. 160 000　　C. 200 000　　D. 0
4. 2017 年 9 月 1 日，A 公司与客户签订一项安装劳务合同，预计 2018 年 12 月 31 日完

工；合同总金额为800万元，预计总成本为500万元。截至2017年12月31日，该公司实际发生成本150万元，预计还将发生成本350万元。假定该合同的结果能够可靠地估计，按已经发生的成本占估计总成本的比例确认完工进度。2017年度对该项合同确认的收入为（　　）万元。

A. 150　　B. 240　　C. 350　　D. 500

5. 某企业2017年承接设备安装劳务，合同总收入200万元，预计总成本140万元，价款在签订合同时已收取，采用完工百分比法确认劳务收入。2017年已确认劳务收入80万元，截至2018年12月31日，该劳务的累计完工进度为60%。2018年应确认的劳务收入（　　）万元。

A. 40　　B. 36　　C. 72　　D. 120

6. 2018年7月1日，A公司对外提供一项为期8个月的劳务，合同总收入465万元。2018年年末无法可靠地估计劳务结果。2018年发生的劳务成本为234万元，预计已发生的劳务成本全部不能得到补偿，则A公司2018年该项业务应确认的收入为（　　）万元。

A. 234　　B. 465　　C. 0　　D. −234

二、多项选择题

1. 企业跨期提供劳务的，期末可以按照完工百分比法确认收入的条件包括（　　）。

A. 相关的经济利益很可能流入企业　　B. 劳务的完工进度能够可靠地确定

C. 劳务总成本能够可靠地计量　　D. 劳务总收入能够可靠地计量

2. 下列属于确定提供劳务交易的完工进度的方法的有（　　）。

A. 已完工作的测量

B. 已经提供的劳务占应提供劳务总量的比例

C. 已经发生的成本占估计总成本的比例

D. 已经收到的收入占总收入的比例

3. 下列有关提供劳务收入确认的表述中，不正确的有（　　）。

A. 在提供劳务交易的结果不能可靠估计的情况下，按照已经发生的劳务成本金额结转成本，不确认收入

B. 在提供劳务交易的结果不能可靠估计的情况下，已经发生的劳务成本预计部分能够得到补偿的，应按能够得到部分补偿的劳务成本金额确认劳务收入

C. 劳务的开始和完成分属不同的会计年度，在劳务的结果能够可靠计量的情况下，应按完工百分比法确认收入

D. 对于一次就能完成的劳务，企业应在资产负债表日确认收入及相关成本

4. 有关收入确认的表述中，正确的有（　　）。

A. 在同一会计期间内开始并完成的劳务，应按完工百分比法确认收入

B. 在资产负债表日，已发生的合同成本预计全部不能收回时，应将已发生的成本确认为当期损益，不确认收入

C. 在提供劳务交易的结果不能可靠估计的情况下，已经发生的劳务成本预计全部能

够得到补偿时，应在资产负债表日按已经发生的劳务成本确认成本

D. 劳务的开始和完成分属不同的会计期间，在劳务的交易结果能够可靠地计量的情况下，应在资产负债表日按完工百分比法确认收入

三、判断题

1. 企业对外提供劳务，所实现的收入通过其他业务收入核算，结转的相关成本通过其他业务成本核算。（　　）
2. 企业对于在同一会计期间内能够一次完成的劳务，应分期采用完工百分比法确认收入和结转成本。（　　）
3. 在采用完工百分比法确认收入时，本年确认的收入 = 劳务总收入 × 本年年末劳务的完成程度。（　　）
4. 企业对外提供的劳务分属不同会计期间且资产负债表日提供劳务的交易结果不能可靠估计的，不能采用完工百分比法确认其当期劳务收入。（　　）
5. 企业跨期提供的劳务交易，按新准则的规定必须按完工百分比法确认收入。（　　）
6. 企业提供劳务时，如资产负债表日不能对交易的结果作出可靠估计，应按已经发生的劳务成本确认收入，并按相同金额结转成本。（　　）

同步训练
答案及分析

▶ 第四节　让渡资产使用权收入

▶【典型真题分析】

一、多项选择题

【2017 年】下列各项中，属于企业让渡资产使用权收入的有（　　）。

A. 出租固定资产取得的租金

B. 接受捐赠取得的现金

C. 报废无形资产取得的净收益

D. 股权投资取得的现金股利

【答案】AD

【分析】选项 BC 计入营业外收入，不属于让渡资产使用权收入。

二、判断题

【2017 年】企业债权投资获得的利息收入属于让渡资产使用权收入。（　　）

【答案】√

▶【同步训练】

一、单项选择题

1. 某企业取得的下列各项收入中，不属于让渡资产使用权所取得收入的是（　　）。

A. 债券利息收入　　B. 进行股权投资取得的现金股利

C. 经营租出固定资产取得的租金收入　　D. 报废固定资产取得的价款

2. 下列各项中，属于让渡资产使用权收入的是（　　）。

A. 出租包装物收入的租金　　B. 出售原材料取得的收入

C. 出售无形资产收取的价款　　D. 出借包装物收取的押金

3. 下列关于企业让渡资产使用权的说法中，不正确的是（　　）。

A. 如果合同或协议约定一次性收取使用费且不提供后续服务的，应当视同销售该项资产，一次性确认收入

B. 让渡资产使用权收入同时满足“相关的经济利益很可能流入企业”和“收入的金额能够可靠地计量”时才能予以确认

C. 如果合同或协议约定一次性收取使用费，同时提供后续服务的，应在合同或协议约定的有效期内分期确认收入

D. 出售无形资产所有权取得的收益属于让渡资产使用权收入

4. A公司于2018年10月向北方公司提供某专利权的使用权，合同规定的使用期为20年，一次性收取使用费500 000元，且不提供后续服务，款项已经收到。则A公司当年应确认的使用费收入为（　　）元。

A. 0　　B. 6 250　　C. 500 000　　D. 250 000

5. 企业让渡资产使用权所计提的摊销额等，一般应该计入（　　）。

A. 营业外支出　　B. 主营业务成本

C. 其他业务成本　　D. 管理费用

6. 甲公司于2018年年初将其所拥有的一座桥梁收费权出售给A公司10年，10年后由甲公司收回收费权，一次性取得收入1 000万元，款项已收存银行。售出的10年期间，桥梁的维护由甲公司负责，2018年甲公司发生桥梁的维护费用20万元。则甲公司2018年该项业务应确认的收入为（　　）万元。

A. 1 000　　B. 20　　C. 0　　D. 100

二、判断题

1. 如果合同或协议规定一次性收到无形资产使用费，且不提供后续服务的，应当视同销售该项资产一次性确认收入。（　　）

2. 如果合同或协议规定一次性收取使用费，且提供后续服务的，应在合同或协议规定的有效期内分期确认收入。（　　）

3. 企业应将让渡资产使用权取得的收入计入营业外收入。（　　）

4. 企业确定让渡资产使用权的使用费收入金额是否很可能收回时，只根据对方企业的信誉和生产经营情况进行判断。（　　）
5. 让渡资产使用权一次性收取手续费且提供后续服务的，分期确认收入。（　　）

同步训练
答案及分析

第六章　费　　用

本章重点与难点

1. 营业成本的分类和会计核算。
2. 期间费用的分类和会计核算。

知识点结构图

- 费用
  - 具体包括
    - 营业成本：包括主营业务成本、其他业务成本
    - 税金及附加
    - 期间费用
      - 企业日常活动发生的不能计入特定核算对象的成本，计入当期损益
      - 销售费用、管理费用、财务费用
      - 制造费用不是企业的期间费用
  - 特点
    - 企业在日常活动中发生的，会导致所有者权益减少的，与向所有者分配利润无关的经济利益的总流出（与损失相区分）
  - 营业成本★
    - 主营业务成本
      - 企业确认销售商品、提供劳务等经常性活动所发生的成本
      - 账务处理
        - 发生时：借：主营业务成本　贷：库存商品(或劳务成本等)
        - 期末结转：借：本年利润　贷：主营业务成本
    - 其他业务成本
      - 销售材料成本、出租固定资产的折旧额、出租无形资产的摊销额、出租包装物成本或摊销额；成本模式计量下投资性房地产计提的折旧额或摊销额
      - 账务处理
        - 发生时：借：其他业务成本　贷：原材料(累计折旧等)
        - 期末结转：借：本年利润　贷：其他业务成本
  - 税金及附加★
    - 经营活动应负担的相关税费，包括消费税、城市维护建设税、教育费附加和资源税等
    - 消费税：对生产、委托加工及进口应税消费品征收的一种税
    - 城市维护建设税、教育费附加：对从事生产经营活动的单位和个人，以实际缴纳的流转税为依据，按纳税人所在地适用的不同税率计算征收的一种税
    - 资源税：对在我国境内开采国家规定的矿产资源和生产用盐的单位、个人征收的一种税
    - 房产税、车船税、土地使用税、印花税
    - 账务处理
      - 发生时：借：税金及附加　贷：应交税费等
      - 期末结转：借：本年利润　贷：税金及附加

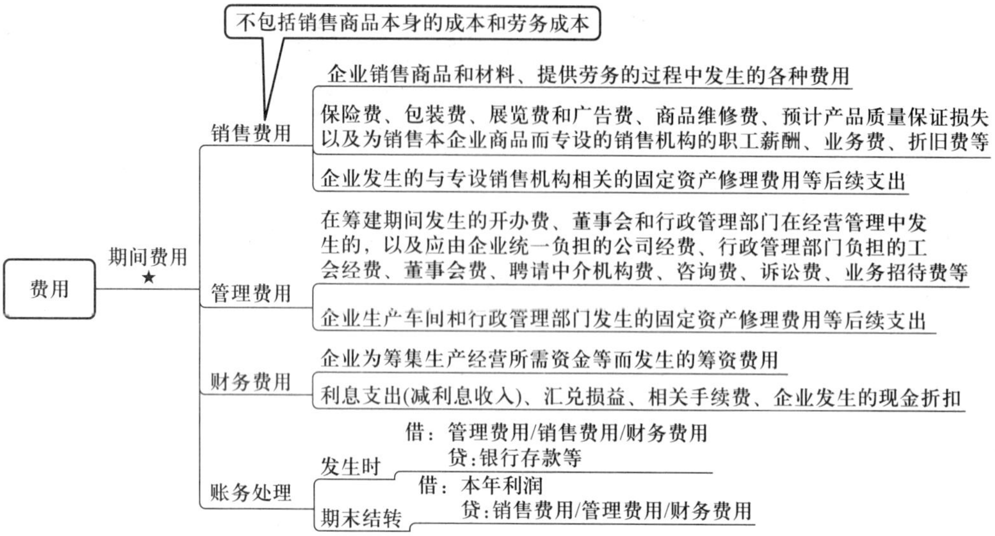

▶ 第一节　费用概述

▶【典型真题分析】

暂无典型真题。

▶【同步训练】

一、单项选择题

1. 下列各项中,不属于损益类账户中费用的是（　　）。
   A. 销售商品等经常性活动发生的成本　　B. 预计产品质量保修费用
   C. 企业发生的现金折扣　　D. 因违约支付的赔偿款
2. 下列各项中,不属于费用的是（　　）。
   A. 经营性租出固定资产的折旧额
   B. 成本模式计量的投资性房地产的摊销额
   C. 企业发生的现金折扣
   D. 报废固定资产发生的净损失
3. 以下不应该确认为费用的是（　　）。
   A. 长期待摊费用　　B. 业务招待费
   C. 销售费用　　D. 财务费用
4. 企业按规定计算缴纳的下列税金,应当计入相关资产成本的是（　　）。
   A. 土地使用税　　B. 房产税
   C. 车辆购置税　　D. 车船税

二、多项选择题

1. 费用具体包括(　　　　)。

A. 营业成本　　B. 营业外支出

C. 税金及附加　　D. 本年利润

2. 下列各项中,可以构成企业费用的有(　　　　)。

A. 咨询公司提供咨询服务中发生的经济利益流出

B. 软件开发企业为客户开发软件中发生的经济利益流出

C. 安装公司提供安装服务中发生的经济利益流出

D. 租赁公司出租资产中发生的经济利益流出

3. 费用是在企业日常活动中形成的,下列属于费用的有(　　　　)。

A. 支付罚款的支出　　B. 日常修理办公设备而发生的支出

C. 对外捐赠　　D. 安装公司提供安装服务发生的支出

4. 下列各项中,关于费用的特点,说法正确的有(　　　　)。

A. 费用是企业在日常活动中发生的经济利益流出

B. 费用会导致所有者权益的减少

C. 费用与向所有者分配利润无关

D. 费用与向所有者分配利润有关

三、判断题

1. 企业经营管理中的某些不减少企业所有者权益的支出也构成费用。(　　)

2. 企业以银行存款偿还一项负债,发生的支出构成企业的费用。(　　)

3. 费用最终都会导致所有者权益减少。(　　)

同步训练
答案及分析

▶第二节　营业成本

▶【典型真题分析】

多项选择题

1.【2017年】下列各项中,工业企业应计入其他业务成本的有(　　　　)。

A. 出租无形资产的摊销额　　B. 出售投资性房地产的成本

C. 出售不需用材料的成本　　D. 出租包装物的摊销额

【答案】ABCD

2.【2017年】下列各项中,企业应通过“其他业务成本”账户核算的有(　　　　)。

A. 销售原材料所结转的实际成本

B. 预计的产品质量保证损失

C. 采用成本模式进行后续计量的投资性房地产计提的折旧

D. 行政管理部门发生的固定资产修理费

【答案】AC

【分析】选项B计入销售费用；选项D计入管理费用。

▶【同步训练】

一、单项选择题

1. 下列各项中，不属于营业成本的是（　　）。

A. 销售商品的成本　　B. 出租无形资产的摊销额

C. 销售人员工资　　D. 销售投资性房地产的成本

2. 甲公司2018年10月份发生如下业务：① 销售商品1 000件，每件商品的售价为100元，成本为80元；② 销售材料一批，售价20 000元，成本15 000元；③ 发生销售折让1 000元；④ 结转已售商品负担的存货跌价准备2 000元。假定不考虑其他因素，甲公司10月份的主营业务成本为（　　）元。

A. 93 000　　B. 95 000　　C. 77 000　　D. 78 000

3. 下列选项中，属于主营业务成本核算内容的是（　　）。

A. 销售商品的成本　　B. 出租无形资产的摊销额

C. 支付的业务招待费　　D. 销售原材料的成本

4. 甲企业销售库存商品一批，收到价款200万元，该批商品成本170万元，已提存货跌价准备35万元，应结转销售成本（　　）万元。

A. 135　　B. 165　　C. 205　　D. 170

5. A公司2018年发生如下业务：① 出租固定资产一台，相关折旧20万元；② 销售剩余原材料的成本为150万元；③ 将成本为80万元的自产产品对外捐赠；④ 将成本为500万元的自产产品对外投资。本年的“营业成本”为（　　）万元。

A. 150　　B. 730　　C. 750　　D. 670

6. 下列各项中，应计入其他业务成本的是（　　）。

A. 库存商品盘亏净损失　　B. 经营租出固定资产折旧

C. 向灾区捐赠的商品成本　　D. 自然灾害导致原材料毁损净损失

7. 下列各项中，不应计入其他业务成本的是（　　）。

A. 经营出租设备计提的折旧额

B. 出借包装物的成本摊销额

C. 出售原材料结转的成本

D. 随同商品出售单独计价的包装物成本

8. 下列各项中，不应记入“其他业务成本”账户的是（　　）。

A. 出租无形资产的摊销额

B. 出租包装物的摊销额

C. 经营租出固定资产计提的折旧费

D. 房地产企业销售房地产交纳的土地增值税

9. 2018年8月，某公司销售一批原材料，开具的增值税专用发票上注明的售价为5 000元，增值税税额为800元，材料成本4 000元，则该企业编制会计分录时，应借记“其他业务成本”账户的金额是(　　)元。

A. 4 000　　B. 5 000　　C. 5 850　　D. 9 000

二、判断题

1. 主营业务成本按主营业务的种类进行明细核算，期末，将主营业务成本转入“本年利润”账户，结转后本账户无余额。(　　)
2. 企业出售原材料取得的款项扣除其成本及相关费用后的净额，应当计入营业外收入或营业外支出。(　　)
3. 经营租出固定资产的折旧和出租无形资产的摊销均应计入其他业务成本。(　　)

同步训练
答案及分析

▶第三节　税金及附加

▶【典型真题分析】

一、单项选择题

【2018年】下列各项中，属于企业“税金及附加”账户核算内容的是(　　)。

A. 自产自用应税矿产品应交的资源税　　B. 销售商品应交的增值税

C. 进口环节应交的消费税　　D. 计算应交的城市维护建设税

【答案】D

【分析】会计分录为：

选项A，自产自用应税矿产品应交的资源税。

借：生产成本、制造费用等

　　贷：应交税费——应交资源税

选项B，销售商品应交的增值税。

借：应收账款、银行存款等

　　贷：应交税费——应交增值税（销项税额）

选项C，进口环节应交的消费税。

借：材料采购、固定资产等

　　贷：银行存款

选项D，计算应交的城市维护建设税。

借：税金及附加

　　贷：应交税费——应交城市维护建设税

二、多项选择题

【2016 年改】下列各项中，应记入“税金及附加”账户的有（　　）。

A. 自用办公楼应交的城镇土地使用税

B. 销售应税矿产品应交的资源税

C. 销售商品应交的增值税

D. 销售应税消费品应交的消费税

【答案】ABD

【分析】选项 C，

借：银行存款等

　　贷：主营业务收入

　　　　应交税费——应交增值税（销项税额）

▶【同步训练】

一、单项选择题

1. 企业实际缴纳增值税 80 万元，消费税 90 万元，城市维护建设税税率 7%，教育费附加税率 3%，不考虑其他特殊因素，则应记入“税金及附加”账户的金额为（　　）万元。

A. 67　　B. 107　　C. 187　　D. 17

2. 企业销售商品交纳的下列各项税费中，不可以记入“税金及附加”账户核算的是（　　）。

A. 消费税　　B. 契税

C. 印花税　　D. 城市维护建设税

3. 下列各项税费，应该记入“税金及附加”账户的是（　　）。

A. 天然气企业对外出售天然气应交纳的资源税

B. 出售固定资产应交的增值税

C. 增值税一般纳税人销售商品应交的增值税

D. 委托加工物资收回后用于连续生产应税消费品被代扣代缴的消费税

二、多项选择题

1. 下列各项中，应计入税金及附加的有（　　）。

A. 处置房屋应交的增值税　　B. 销售商品应交的增值税

C. 销售应税矿产品应交的资源税　　D. 销售应税消费品应交的消费税

2. 下列各项税金中，通常与企业当期损益有直接关系的有（　　）。

A. 消费税　　B. 个人所得税

C. 车船税　　D. 城市维护建设税

三、判断题

1. 厂部车辆应缴的车船税应通过“税金及附加”账户核算。 ( )
2. 企业发生的工会经费应通过“税金及附加”账户核算。 ( )

同步训练
答案及分析

第四节 期间费用

【典型真题分析】

一、单项选择题

1.【2018年】某企业2017年10月计提短期借款利息300万元,发生汇兑损失96万元,享受现金折扣180万元,取得存款利息15万元,不考虑其他因素,计算该企业2017年10月应计入财务费用的金额为( )万元。

A. 201　　B. 216　　C. 396　　D. 380

【答案】A

【分析】计入财务费用的金额=300+96-180-15=201(万元)。

2.【2017年】下列各项中,企业应计入销售费用的是( )。

A. 商标法权案发生的诉讼费
B. 行政管理部门负担的工会经费
C. 专设销售机构固定资产的管理费
D. 向中介机构支付的咨询费

【答案】C

【分析】选项ABD记入“管理费用”账户核算。

二、多项选择题

【2017年】下列各项中,应计入销售费用的有( )。

A. 预计产品质量保证损失
B. 销售产品为购货方代垫的运费
C. 结转随同产品出售不单独计价的包装物成本
D. 专设销售机构固定资产折旧费

【答案】ACD

【分析】销售商品为购货单位代垫的运费,记入“应收账款”账户核算。

▶【同步训练】

一、单项选择题

1. 某企业 2018 年 3 月份发生的费用有：① 计提车间用固定资产折旧 10 万元；② 发生车间管理人员薪酬 40 万元；③ 支付专设销售机构的固定资产修理费 30 万元；④ 享受现金折扣 20 万元。则该企业当期的期间费用总额为（　　）万元。

A. 60　　B. 10　　C. 30　　D. 70

2. 下列各项中，应计入期间费用的是（　　）。

A. 发行股票的手续费　　B. 销售商品发生的销售折让
C. 销售商品发生的售后服务费　　D. 销售商品发生的商业折扣

3. 企业专设销售机构人员的工资应记入（　　）账户。

A. 管理费用　　B. 销售费用
C. 主营业务成本　　D. 其他业务成本

4. 企业发生的下列各项支出，不应该计入财务费用的是（　　）。

A. 管理人员工资　　B. 短期借款的利息
C. 带息应付票据的利息　　D. 企业银行存款利息

5. 某企业某月销售商品发生商业折扣 40 万元、现金折扣 30 万元、销售折让 50 万元。该企业上述业务计入当月财务费用的金额为（　　）万元。

A. 30　　B. 40　　C. 70　　D. 90

二、多项选择题

1. 下列各项中，应在发生时直接确认为期间费用的有（　　）。

A. 专设销售机构固定资产的折旧费　　B. 行政部门的业务招待费
C. 管理人员差旅费　　D. 车间管理人员薪酬

2. 下列各项中，应计入销售费用的有（　　）。

A. 预计产品质量损失成本　　B. 销售商品的运输费
C. 专设销售机构的办公费　　D. 推广新产品的宣传费

3. 下列各项中，会影响管理费用的有（　　）。

A. 企业盘点现金，发生现金的盘亏，属于无法查明原因的
B. 存货盘点，发现存货盘亏，由管理不善造成的
C. 固定资产盘点，发现固定资产盘亏，盘亏的净损失
D. 现金盘点，发现现金盘点的净收益，属于无法查明原因的

三、判断题

1. 管理费用、销售费用、制造费用均属于期间费用。（　　）
2. 收回出租包装物因不能使用而报废的残料价值，应通过“销售费用”账户核算。（　　）
3. 所有与销售商品有关的费用都应计入销售费用。（　　）

4. 企业专设销售机构的固定资产修理费用应当计入销售费用。 ( )
5. 企业筹建期间的借款费用、资本化的借款利息支出、销售商品发生的商业折扣和支付的银行承兑汇票手续费都通过“财务费用”账户核算。 ( )
6. 工业企业为拓展销售市场所发生的业务招待费,应计入管理费用。 ( )

同步训练
答案及分析

第七章　利　　润

本章重点与难点

1. 利润的构成及计算。
2. 所得税费用的计算。
3. 本年利润中，表结法和账结法的异同。

知识点结构图

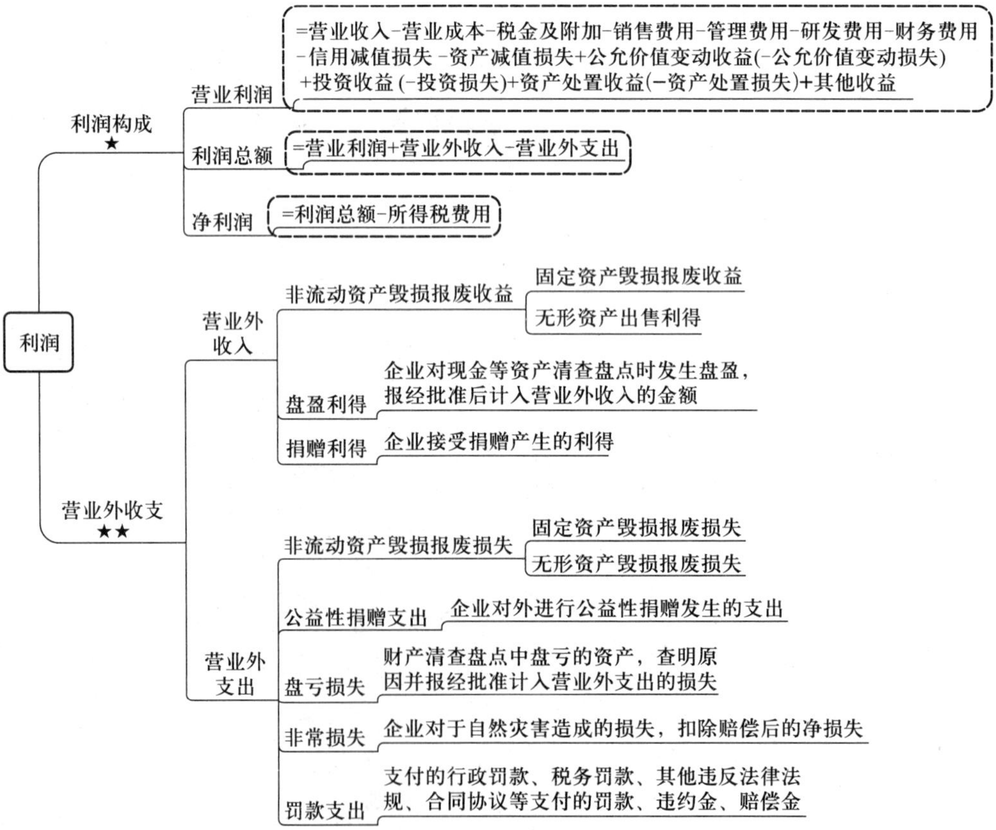

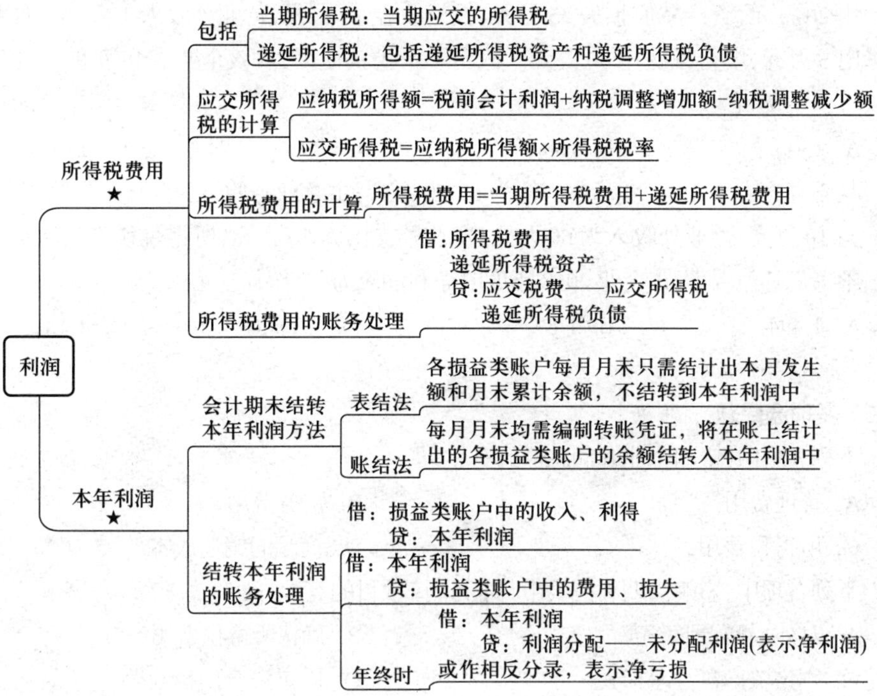

▶ 第一节　利润概述

▶【典型真题分析】

单项选择题

【2017年】2016年12月20日，某企业销售商品开出的增值税专用发票上注明的价款为100万元，全部款项已收存银行。该商品的成本为80万元，该月核算相应的跌价准备金额为5万元。不考虑其他因素，该业务使企业2016年12月营业利润增加(　　)万元。

A. 20　　B. 25　　C. 30　　D. 15

【答案】B

【分析】营业利润增加额=100−(80−5)=25(万元)。

▶【同步训练】

一、单项选择题

1. 下列各项中，影响企业当期营业利润的是(　　)。

A. 报废房屋的净损失　　B. 经营出租设备的折旧费

C. 向灾区捐赠商品的成本　　D. 火灾导致原材料毁损的净损失

2. 某企业2018年度营业收入1 000万元，营业成本800万元，管理费用15万元，销售费用 20 万元，资产减值损失 35 万元，投资收益 30 万元，营业外收入 10 万元，营业外支出 5 万元，所得税费用 30 万元。假定不考虑其他因素，该企业 2018 年的营业利润为（　　）万元。

A. 150　　B. 160　　C. 200　　D. 130

3. 某工业企业 2018 年度营业利润为 2 520 万元，主营业务收入为 4 000 万元，财务费用为 10 万元，营业外收入为 60 万元，营业外支出为 50 万元，所得税税率为 25%。假定不考虑其他因素，该企业 2018 年度的净利润应为（　　）万元。

A. 1 494　　B. 1 897.5　　C. 1 505.6　　D. 4 132.5

二、多项选择题

1. 下列各项中，影响企业利润总额的有（　　）。

A. 管理费用　　B. 财务费用

C. 所得税费用　　D. 商品的销售成本

2. 下列各项中，影响当期利润表中“净利润”项目的有（　　）。

A. 对外捐赠无形资产　　B. 确认所得税费用

C. 固定资产盘亏净损失　　D. 固定资产出售利得

三、判断题

1. 利得和收入一样都是由企业的日常活动形成的。（　　）

2. 企业获得的捐赠利得应该计入营业外收入中，影响利润总额。（　　）

同步训练
答案及分析

第二节　营业外收支

【典型真题分析】

单项选择题

1. 【2017 年】下列各项中，企业不应通过“营业外支出”账户核算的是（　　）。

A. 公益性捐赠支出　　B. 违反合同的违约金

C. 报废固定资产净损失　　D. 无法查明原因的现金短缺损失

【答案】D

【分析】无法查明原因的现金短缺损失计入管理费用。

2. 【2017 年】下列各项中，应通过“营业外支出”账户核算的是（　　）。

A. 采购人员差旅费　　B. 销售部门业务招待费

C. 外币存款汇兑损失　　D. 公益性捐赠支出

【答案】D

【分析】选项 A 计入管理费用；选项 B 计入销售费用；选项 C 计入财务费用。

3.【2017 年】下列各项中，应计入营业外支出的是（　　）。

A. 合同违约金　　B. 法律诉讼费

C. 出租无形资产的摊销额　　D. 广告宣传费

【答案】A

【分析】选项 B 计入管理费用；选项 C 计入其他业务成本，选项 D 计入销售费用。

▶【同步训练】

一、单项选择题

甲公司某年的 2 月份发生下列业务：① 支付税务罚款 2 万元；② 确认债务重组损失 5 万元；③ 报废专利权发生净损失 15 万元；④ 确认所得税费用 20 万元。假定不考虑其他因素，甲公司当月计入营业外支出的金额为（　　）万元。

A. 32　　B. 22　　C. 52　　D. 30

二、多项选择题

下列各项中，属于营业外支出的有（　　）。

A. 报废固定资产的净损失　　B. 报废无形资产的净损失

C. 处置交易性金融资产的投资损失　　D. 处置低值易耗品的净损失

三、判断题

1. 非流动资产报废损失、公益性捐赠支出、出租包装物的成本、行政性罚款支出等都计入营业外支出。（　　）
2. 损失是由企业日常活动所发生的、会导致所有者权益减少的、与向所有者分配利润无关的经济利益的流出。（　　）

同步训练
答案及分析

▶ 第三节　所得税费用

▶【典型真题分析】

一、单项选择题

【2018 年】某企业 2017 年实现应纳税所得额 800 万元，递延所得税负债的年末余额和年初余额分别为 280 万元和 200 万元，递延所得税资产的年末余额和年初余额分别为 150

万元和 110 万元，适用的所得税税率为 25%。该企业应确认的所得税费用金额为（ ）万元。

A. 200　　B. 240　　C. 100　　D. 140

【答案】B

【分析】所得税费用 = 当期所得税 + 递延所得税，递延所得税 =（递延所得税负债的期末余额 − 递延所得税负债的期初余额）−（递延所得税资产的期末余额 − 递延所得税资产的期初余额），所以所得税费用 = 800 × 25% +（280 − 200）−（150 − 110）= 240（万元）。

二、多项选择题

【2016 年】下列各项中，计算应纳税所得额需要进行纳税调整的项目有（ ）。

A. 税收滞纳金　　B. 超过税法规定标准的业务招待费

C. 国债利息收入　　D. 超过税法规定标准的职工福利费

【答案】ABCD

【分析】选项 ABD 计算应纳税所得额时应该纳税调增；选项 C 计算应纳税所得额时应该纳税调减。

三、判断题

【2017 年】利润表中“所得税费用”项目的本期金额等于当期所得税，而不应考虑递延所得税。（ ）

【答案】×

【分析】企业根据会计准则的规定，计算确定的当期所得税和递延所得税之和，即为应从当期利润总额中扣除的所得税费用。

▶【同步训练】

一、单项选择题

1. 下列项目中，计算所得税时可以纳税调减的是（ ）。

   A. 盘盈的固定资产　　B. 前 1 年的亏损额

   C. 前 10 年的亏损额　　D. 税收滞纳金

2. 某企业全年实现利润总额 105 万元，其中包括国债利息收入 35 万元，税收滞纳金 20 万元，超标的工会经费 10 万元。该企业的所得税税率为 25%。假设不存在递延所得税，则计算的本期所得税费用为（ ）万元。

   A. 25　　B. 26.25　　C. 35　　D. 31.25

二、多项选择题

下列关于“所得税费用”账户的表述中正确的有（ ）。

A. 该账户属于负债类账户

B. 该账户属于损益类账户

C. 该账户的期末余额一般在借方

D. 该账户的发生额期末结账时应转入“本年利润”账户

三、判断题

1. 企业当期所得税可能等于所得税费用。（　　）
2. 企业的所得税费用包括当期所得税和递延所得税两部分，其中，递延所得税是指当期应交所得税。（　　）
3. 企业所得税是企业根据应纳税所得额的一定比例上交的一种税金。应纳税所得额是在企业税前会计利润（即利润总额）的基础上调整确定的。（　　）
4. 企业根据应纳税所得额乘以所得税税率计算的金额，即为企业的所得税费用。（　　）
5. 企业的“应交税费——应交所得税”，即为所得税费用的金额。（　　）

同步训练
答案及分析

▶第四节　本年利润

▶【典型真题分析】

一、单项选择题

【2017年】下列各项中，关于本年利润结转方法表述正确的是（　　）。

A. 采用表结法，增加“本年利润”账户的结转环节和工作量

B. 采用表结法，每月月末应将各损益类账户的余额结转记入“本年利润”账户

C. 采用账结法，每月月末应将各损益类账户的余额结转记入“本年利润”账户

D. 采用账结法，减少“本年利润”账户的结转环节和工作量

【答案】C

【分析】表结法下，各损益类账户每月月末只需要结计出本月发生额和月末累计余额，不结转到“本年利润”账户，只有在年末时才将全年累计余额结转入“本年利润”账户。表结法下，年中损益类账户无须结转入“本年利润”账户，从而减少了转账环节和工作量，同时并不影响利润表的编制及有关损益类指标的利用。

账结法下，每月月末均需编制转账凭证，将在账上结计出的各损益类账户的余额结转入“本年利润”账户。账结法在各月均可通过“本年利润”账户提供当月及本年累计的利润（或亏损）额，但增加了转账环节和工作量。

二、判断题

1.【2017年】账结法下，每月月末应编制转账凭证，将账上结计出的各损益账户余额转入“本年利润”账户。（　　）

【答案】√

2.【2017 年】会计年度终了，无论是表结法还是账结法，企业都应将各损益类账户的余额结转至“本年利润”账户。（　　）

【答案】√

3.【2017 年】账结法下，各损益类账户每月月末只需结计出本月发生额和月末累计余额，不结转到“本年利润”账户。（　　）

【答案】×

【分析】需要结转到“本年利润”账户。

▶【同步训练】

一、单项选择题

1. 会计期末损益类账户结转至本年利润后，“本年利润”账户的贷方余额表示（　　）。

A. 累计未分配的利润　　B. 净利润

C. 净损失　　D. 利润总额

2. 下列各项中，不能转入“本年利润”账户借方的是（　　）。

A. 生产成本　　B. 主营业务成本

C. 管理费用　　D. 财务费用

二、多项选择题

1. 下列账户中期末余额应转入本年利润的有（　　）。

A. 财务费用　　B. 主营业务收入

C. 营业外收入　　D. 递延收益

2. 下列关于表结法的表述，正确的有（　　）。

A. 增加了转账环节和工作量

B. 各损益类账户月末只需结计出本月发生额和月末累计余额

C. 年末时将全年累计损益类账户余额转入本年利润

D. 不影响有关损益指标的利用

3. 下列各账户，年末应无余额的有（　　）。

A. 管理费用　　B. 所得税费用

C. 制造费用　　D. 固定资产

同步训练
答案及分析

第八章 财务报告

本章重点与难点

1. 资产负债表各个项目的填列方法。
2. 利润表各个项目的填列方法。
3. 所有者权益变动表、附注的构成。

知识点结构图

- 财务报告
  - 财务报告概述★
    - 财务报表组成
      - 至少应当包括资产负债表、利润表、现金流量表和所有者权益变动表以及附注
  - 资产负债表★★★
    - 反映企业在某一特定日期的财务状况的报表（满足"资产=负债+所有者权益"）
    - 结构
      - 账户式
    - 填列方法
      - 根据总账账户余额填列
        - 根据一个总账账户余额直接填列
        - 根据几个总账账户期末余额计算填列
      - 根据明细账账户余额计算填列
      - 根据总账账户和明细账账户余额分析计算填列
      - 根据有关账户余额减去其备抵账户余额后的净额填列
      - 综合运用上述填列方法分析填列
  - 利润表★★
    - 反映企业在一定会计期间的经营成果的报表
    - 填列方法
      - 第一步，以营业收入为基础，减营业成本、税金及附加、销售费用、管理费用、研发费用、财务费用、信用减值损失、资产减值损失，加公允价值变动收益(减公允价值变动损失)、投资收益(减投资损失)、资产处置收益(减资产处置损失)和其他收益，计算营业利润
      - 第二步，以营业利润为基础，加营业外收入减营业外支出，计算利润总额
      - 第三步，以利润总额为基础，减所得税费用，计算出净利润(或净亏损)
      - 第四步，以净利润(净亏损)为基础，计算每股收益
      - 第五步，以净利润(或净亏损)和其他综合收益为基础，计算综合收益总额
  - 所有者权益变动表
    - 反映构成所有者权益各组成部分当期增减变动情况的报表
    - 结构
      - 至少应当单独反映：综合收益总额；会计政策变更和差错更正的累计影响金额；所有者投入资本和向所有者分配利润等；提取的盈余公积；实收资本或资本公积、盈余公积、未分配利润的期初和期末余额及其调节情况
      - 以矩阵形式列示
  - 附注
    - 对资产负债表、利润表、现金流量表和所有者权益变动表等报表中列示项目的文字描述或明细资料，以及未能在这些报表中列示项目的说明等
    - 按顺序披露附注的内容

▶ 第一节　财务报告概述

▶【典型真题分析】

判断题

【2016 年】一张完整的财务报表体系由资产负债表、利润表、现金流量表、股东权益变动表及附注组成。（　　）

【答案】√

▶【同步训练】

判断题

1. 财务报告包括财务报表和其他应当在财务报告中披露的相关信息和资料。（　　）
2. 中期财务报表至少应当包括资产负债表、利润表、现金流量表和附注。（　　）
3. 按财务报表编报范围的不同，可以分为个别财务报表和合并财务报表。（　　）

同步训练
答案及分析

▶ 第二节　资产负债表

▶【典型真题分析】

一、单项选择题

1.【2018 年】下列属于企业资产负债表负债项目的是（　　）。

A. 递延收益　　B. 预付账款

C. 其他收益　　D. 其他综合收益

【答案】A

【分析】选项 B，属于资产负债表资产项目；选项 C，属于利润表项目；选项 D，属于所有者权益变动表项目。

2.【2018 年、2017 年改】2017 年 12 月 31 日，某企业“应付账款——甲企业”明细账户贷方余额 40 000 元，“应付账款——乙企业”明细账户借方余额 10 000 元，“预付账款——丙企业”明细账户借方余额 30 000 元，“预付账款——丁企业”明细账户贷方余额 6 000 元。假设应付票据账户余额为零。不考虑其他因素，该企业 2017 年 12 月 31

日资产负债表“应付票据及应付账款”项目期末余额为（　　）元。

A. 36 000　　B. 40 000　　C. 30 000　　D. 46 000

【答案】D

【分析】期末资产负债表中“应付票据及应付账款”项目期末余额=“应付票据”期末余额+“应付账款”明细科目期末贷方余额+“预付账款”明细科目期末贷方余额=0+40 000+6 000=46 000（元）。

3.【2018年、2017年、2013年】2017年年末某企业有关科目余额如下：“库存商品”账户借方余额为80万元，“原材料”账户借方余额为800万元，“材料成本差异”账户贷方余额为100万元。不考虑其他因素，2017年12月31日该企业资产负债表中“存货”项目的期末余额为（　　）万元。

A. 980　　B. 700　　C. 900　　D. 780

【答案】D

【分析】2017年12月31日该企业资产负债表中“存货”项目的期末余额=80+800−100=780（万元）。

二、多项选择题

1.【2018年】资产负债表中，根据总账账户余额与明细账账户余额分析计算填列的有（　　）。

A. 其他货币资金　　B. 长期借款

C. 资本公积　　D. 其他非流动资产

【答案】BD

【分析】选项A，并不单独计算填列，而是作为“货币资金”项目的填列内容；选项C，根据总账账户的余额填列。

2.【2017年】下列各项中，属于企业流动资产的有（　　）。

A. 为交易目的而持有的资产

B. 预计自资产负债表日起一年内变现的资产

C. 自资产负债表日起一年内清偿负债的能力不受限制的现金

D. 预计在一个正常企业周期中变现的资产

【答案】ABCD

【分析】流动资产是指预计在一个正常营业周期中变现、出售或耗用，或者主要为交易目的而持有，或者预计在资产负债表日起一年内（含一年）变现的资产，或者自资产负债表日起一年内交换其他资产或清偿负债的能力不受限制的现金或现金等价物。

▶【同步训练】

一、单项选择题

1. 下列报表中，（　　）能够反映企业某一特定日期所拥有的资产、需偿还的债务，以及投资者所拥有的净资产的情况。

A. 资产负债表　　B. 利润表

C. 现金流量表　　D. 所有者权益变动表

2. 下列各项中，应在资产负债表中作为非流动负债列示的是（　　）。

A. 短期借款　　B. 预收款项

C. 应付债券　　D. 其他应付款

3. 下列资产负债表项目中，应根据多个总账账户余额计算填列的是（　　）。

A. 应付票据及应付账款　　B. 盈余公积

C. 未分配利润　　D. 长期借款

4. 甲企业“应收账款”账户月末借方余额10 000元，其中：“应收账款——A公司”明细账账户借方余额8 000元，“应收账款——B公司”明细账账户借方余额2 000元；“预收账款”账户月末贷方余额5 000元，其中：“预收账款——C工厂”明细账账户贷方余额8 000元，“预收账款——D工厂”明细账账户借方余额3 000元。假设“应收票据”账户月末余额为0。月末资产负债表中“应收票据及应收账款”项目的金额为（　　）元。

A. 10 000　　B. 13 000　　C. 8 000　　D. 11 000

5. 某企业2018年12月31日应收票据的账面余额为300万元，已提坏账准备10万元，应付票据的账面余额为60万元，其他应收款的账面余额为30万元。假设应收账款账面余额为0，则该企业2018年12月31日资产负债表中“应收票据及应收账款”项目的金额为（　　）万元。

A. 290　　B. 230　　C. 260　　D. 300

6. 下列各账户的期末余额，不应在资产负债表“存货”项目列示的是（　　）。

A. 库存商品　　B. 材料成本差异

C. 在建工程　　D. 委托加工物资

二、多项选择题

1. 下列各项，可以通过资产负债表反映的有（　　）。

A. 某一时点的财务状况　　B. 某一时点的偿债能力

C. 某一期间的经营成果　　D. 某一期间的获利能力

2. 在填列资产负债表“一年内到期的非流动负债”项目时，需要考虑的会计账户有（　　）。

A. 应付债券　　B. 长期借款

C. 长期应付款　　D. 应付利息

三、判断题

1. 甲企业2016年6月30日从银行借入期限为3年的长期借款500万元，编制2018年12月31日资产负债表时，此项借款应填入的报表项目是“长期借款”。（　　）

2. 资产负债表中“长期待摊费用”项目应根据总账余额直接填列。（　　）

3. 某企业长期应付款的余额为 9 000 000 元，未确认融资费用的余额为 3 469 000 元，则资产负债表日“长期应付款”应当列示为 5 531 000 元。假设专项应付款以及将于一年内到期部分的余额均为 0。（　　）

4. 材料采用计划成本核算，以及库存商品采用计划成本核算或售价核算的企业，在填列“存货”项目时，还应以加或减材料成本差异、商品进销差价后的金额填列。（　　）

5. 资产负债表中“货币资金”项目，应采用综合运用其他填列方法分析填列的方式填列。（　　）

同步训练
答案及分析

▶第三节　利润表

▶【典型真题分析】

一、单项选择题

1.【2017 年】下列各项中，不属于企业利润表项目的是（　　）。

A. 综合收益总额　　B. 未分配利润
C. 每股收益　　D. 公允价值变动收益

【答案】B

【分析】未分配利润属于资产负债表中的所有者权益项目。

2.【2017 年】某企业销售原材料取得收入 40 000 元，该材料成本为 30 000 元，出租设备取得租金收入 2 000 元（不含增值税），计提该设备折旧 1 200 元。不考虑其他因素，上述业务导致当期营业利润增加（　　）元。

A. 10 000　　B. 10 800　　C. 800　　D. 42 000

【答案】B

【分析】导致当期营业利润增加的金额 = 40 000 + 2 000 − 30 000 − 1 200 = 10 800（元）

3.【2017 年】2016 年 11 月份，某企业确认短期借款利息 7.2 万元（不考虑增值税），收到银行活期存款利息收入 1.5 万元。开具银行承兑汇票支付手续费 0.5 万元（不考虑增值税）。不考虑其他因素。11 月份企业利润表中“财务费用”项目的本期金额为（　　）万元。

A. 5.7　　B. 5.2　　C. 7.7　　D. 6.2

【答案】D

【分析】11 月份企业利润表中“财务费用”项目的本期金额 = 7.2 − 1.5 + 0.5 = 6.2（万元）。

4.【2017 年】某企业 2016 年度实现利润总额 1 350 万元，适用的所得税税率为 25%。本年度该企业取得国债利息收入 150 万元，发生税收滞纳金 4 万元。不考虑其他因素，该企业 2016 年度利润表“所得税费用”项目本期余额为（　　）万元。

A. 338.5　　B. 301　　C. 374　　D. 337.5

【答案】B

【分析】应纳税所得额 =1 350－150＋4＝1 204（万元），所得税费用＝1 204×25%＝301（万元）。

二、判断题

1.【2018 年】营业利润项目根据本年利润发生额分析填列。（　　）

【答案】×

【分析】营业利润项目应以营业收入为基础，减去营业成本、税金及附加、销售费用、研发费用、管理费用、财务费用、信用减值损失、资产减值损失，加上公允价值变动收益（或减去公允价值变动损失）、投资收益（或减去投资损失）、资产处置收益（或减去资产处置损失）和其他收益，计算出营业利润。并非根据本年利润发生额分析填列。

2.【2018 年】利润表中的“综合收益总额”项目，可以为财务报表使用者提供企业实现净利润和其他综合收益（税后净额）的信息。（　　）

【答案】√

▶【同步训练】

一、单项选择题

下列反映企业未在损益中确认的各项利得和损失扣除所得税影响后的净额的是（　　）。

A. 净资产　　B. 综合收益总额

C. 其他综合收益的税后净额　　D. 所得税费用

二、多项选择题

1. 编制多步式利润表的第一步和第三步是（　　）。

A. 以营业收入为基础，计算营业利润　　B. 以营业收入为基础，计算利润总额

C. 以营业利润为基础，计算利润总额　　D. 以利润总额为基础，计算净利润

2. 下列选项中，不属于利润表项目的有（　　）。

A. 未分配利润　　B. 营业外收入

C. 净利润　　D. 主营业务收入

3. 下列各项中，应列入利润表“营业收入”项目的有（　　）。

A. 主营业务收入　　B. 其他业务收入

C. 投资收益　　D. 公允价值变动损益

三、判断题

1. 通过利润表，可以考核企业一定会计期间的经营成果，分析企业的盈利能力及未来发展趋势。（　　）

2. 利润表各项目均需填列“本期金额”和“上期金额”两栏。其中“上期金额”栏内各项

数字（“基本每股收益”和“稀释每股收益”项目除外），应根据上年该期利润表的“本期金额”栏内所列数字填列。（　　）

同步训练
答案及分析

▶ 第四节　所有者权益变动表

▶【典型真题分析】

一、单项选择题

【2015 年】下列各项中，不在所有者权益变动表中列示的项目是（　　）。

A. 综合收益总额　　B. 所有者投入和减少资本

C. 利润分配　　D. 每股收益

【答案】D

【分析】“每股收益”是利润表反映的项目，不属于所有者权益变动表列示的项目。

二、判断题

1.【2017 年】所有者权益变动表是反映企业当期所有者权益各构成部分增减变动情况的报表。（　　）

【答案】√

2.【2017 年】企业利润表中的“综合收益总额”项目，应根据企业当年的“净利润”和“其他综合收益的税后净额”的合计数计算填列。（　　）

【答案】√

3.【2015 年】“所有者权益内部结转”项目，反映企业构成所有者权益组成部分之间的增减变动情况。（　　）

【答案】√

▶【同步训练】

一、单项选择题

下列各项中，年末余额在所有者权益变动表“上年年末余额”项目中反映的是（　　）。

A. 股本　　B. 净利润

C. 提取盈余公积　　D. 对所有者（或股东）的分配

二、多项选择题

1. 下列不属于所有者权益变动表项目的有（　　）。

A. 资本公积
B. 利润总额
C. 盈余公积
D. 所得税费用

2. 企业至少应当在所有者权益变动表上单独列示的项目有（　　）。

A. 净利润
B. 提取的盈余公积
C. 其他综合收益
D. 向所有者分配利润

3. 下列各项中，属于“所有者权益内部结转”项目的有（　　）。

A. 提取盈余公积
B. 资本公积转增资本
C. 盈余公积转增资本
D. 盈余公积弥补亏损

三、判断题

1. 所有者权益变动表“上年年末余额”项目，反映企业上年资产负债表中实收资本（或股本）、资本公积、库存股、其他综合收益、盈余公积、未分配利润的年末余额。（　　）
2. 所有者权益变动表能够反映所有者权益各组成部分当期增减变动情况，有助于报表使用者理解所有者权益增减变动的原因。（　　）
3. 所有者权益变动表中的上年金额栏应该根据上年度所有者权益变动表“本年金额”栏内所列数字进行填列，上年项目的名称和内容与本年不一致的，应按照上年的名称和数字对本年进行调整。（　　）

同步训练
答案及分析

▶第五节　附注

▶【典型真题分析】

单项选择题

【2015年】下列各项中，关于财务报表附注的表述不正确的是（　　）。

A. 附注中包括财务报表重要项目的说明

B. 对未能在财务报表列示的项目在附注中说明

C. 如果没有需要披露的重大事项，企业不必编制附注

D. 附注中包括会计政策和会计估计变更以及差错更正的说明

【答案】C

▶【同步训练】

一、多项选择题

下列项目中，上市公司应在其财务报表附注中披露的有（　　）。

A. 会计政策变更当期和各个列报前期财务报表中受影响的项目名称和调整金额
B. 会计估计变更的原因
C. 未决诉讼
D. 与关联方交易的定价政策规定

二、判断题

1. 财务报表附注中应该包括财务报表的编制基础,即财务报表是在持续经营基础上还是在非持续经营基础上编制的。（　　）
2. 公司董事会通过利润分配方案中拟分配现金股利,不需进行账务处理,但应在报表附注中披露。（　　）

同步训练
答案及分析

第九章 管理会计基础

本章重点与难点

1. 货币时间价值的分类及计算。
2. 材料、燃料、动力的分配方法及计算。
3. 生产费用在完工产品和在产品之间的归集和分配。
4. 产品成本计算方法的种类及适用范围。

知识点结构图

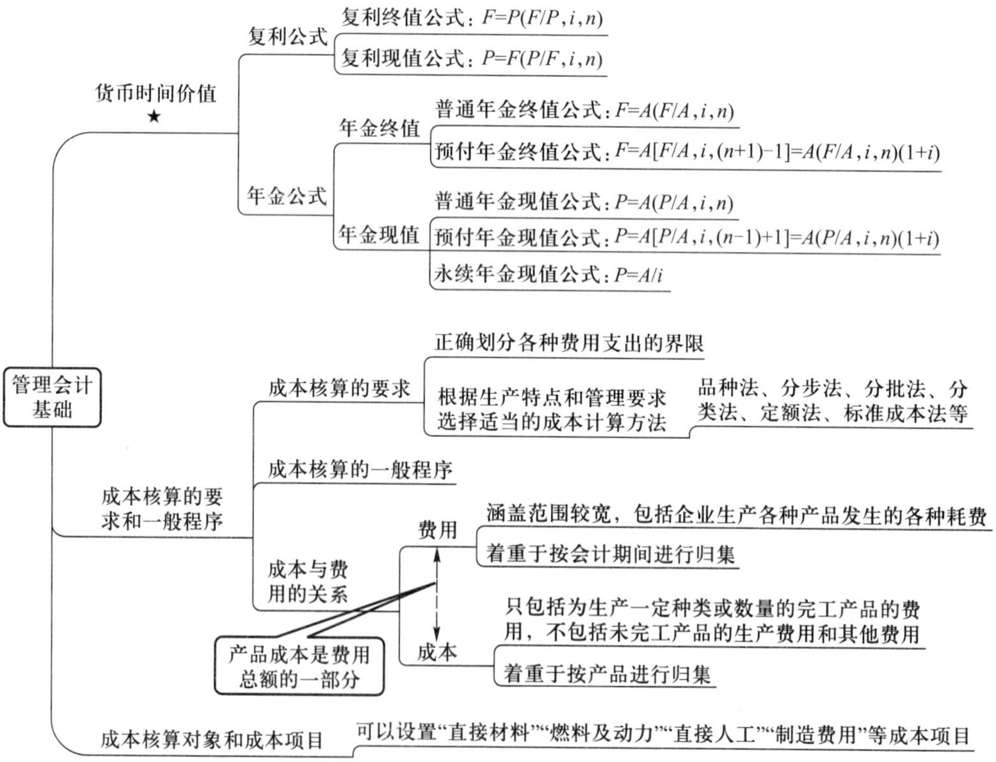

- 管理会计基础
  - 要素费用的归集和分配 ★
    - 成本核算账户的设置
      - 生产成本、制造费用
    - 材料、燃料、动力、职工薪酬、制造费用的归集和分配
      - 分配率=材料、燃料、动力、职工薪酬、制造费用消耗总额/分配标准
    - 辅助生产费用的归集和分配
      - 直接分配法
        - 辅助生产费用直接分配给辅助生产以外的各受益单位
      - 交互分配法
        - 首先在各辅助生产车间之间进行交互分配
        - 再在辅助生产车间以外的各受益单位之间进行分配
      - 计划成本分配法
        - 辅助生产车间生产的产品或劳务按照计划单位成本分配
        - 辅助生产的计划成本分配转出数与实际成本的差计入管理费用
      - 顺序分配法
        - 辅助生产车间受益少的先分配，受益多的后分配
      - 代数分配法
        - 最为准确的分配方法
    - 废品损失的核算
      - 在生产过程中发生的和入库后发现的不可修复废品的生产成本，以及可修复废品的修复费用，扣除回收的废品残料价值和应收赔款以后的损失
      - 不包括
        - 经质量检验部门鉴定不需要返修、可以降价出售的不合格产品
        - 产品入库后由于保管不善等原因而损坏变质的产品
        - 实行“三包”企业在产品出售后发现的废品
      - 不单独核算废品损失
        - 相应费用体现在“生产成本”“原材料”等账户中
    - 停工损失的核算
      - 生产车间或车间内某个班组在停工期间发生的各项费用，包括停工期间发生的原材料费用、人工费用和制造费用等
      - 不单独核算停工损失
        - 直接反映在“制造费用”和“营业外支出”等账户中
    - 对比记忆（不单独核算废品损失 / 不单独核算停工损失）
  - 生产费用在完工产品和在产品之间的归集和分配 ★
    - 分配方法
      - 不计算在产品成本法、在产品按固定成本计算法、在产品按所耗直接材料成本计价法、约当产量比例法、在产品按定额成本计价法、定额比例法、在产品按完工产品成本计价法
    - 联产品和副产品的成本分配
      - 联产品成本的分配
        - 相对销售价格分配法、实物量分配法
      - 副产品成本的分配
        - 先确定副产品生产成本，再确定主产品生产成本
  - 产品成本计算方法概述
    - 产品成本计算的主要方法
      - 品种法、分批法、分步法等
  - 产品成本计算的品种法 ★
    - 适用于大量大批，单步骤或多步骤(不要求分步计算成本)生产，如发电、供水、采掘等企业
    - 特点
      - 成本核算对象是产品品种
      - 一般定期(每月月末)计算产品成本
      - 月末一般不存在在产品
        - 如果有在产品，要将生产成本在完工产品和在产品之间分配

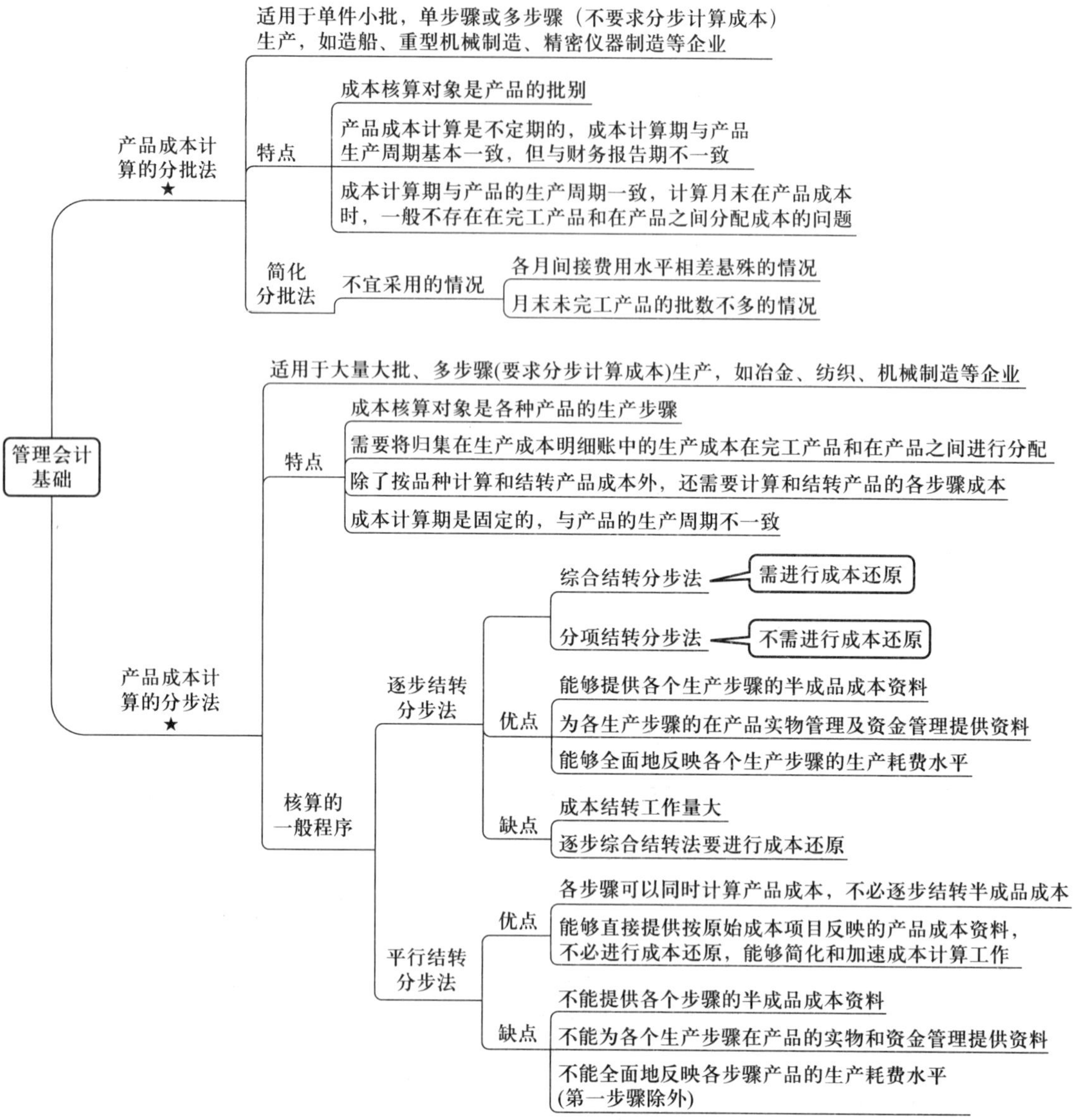

▶第一节　管理会计概述

▶【典型真题分析】

单项选择题

1.【2018 年】单位应结合自身管理特点和实践需要选择适用的管理会计工具方法，下列各项中，这种做法体现的管理会计应用原则是（　　）。

A. 战略导向原则　　　　B. 适应性原则

C. 融合性原则　　　　D. 成本效益原则

【答案】B

【分析】适应性原则是指管理会计的应用应与单位应用环境和自身特征相适应。

2.【2018年】某人向银行借款1 000万元，借款期限5年，年利率6%。已知$(F/P,6\%,5)=1.338$。按复利计算，一次还本付息，5年后本利和是（　　）万元。

A. 1 060　　B. 1 338　　C. 1 006　　D. 1 300

【答案】B

【分析】5年后本利和$=1\ 000\times(F/P,6\%,5)=1\ 000\times1.338=1\ 338$（万元）。

▶【同步训练】

一、单项选择题

1. 下列各项中，属于管理会计特点的是（　　）。

A. 属于对内报告会计

B. 侧重记录价值

C. 通过确认、计量、记录和报告等程序提供并解释历史信息

D. 拥有填制凭证、登记账簿、编制报表等较固定的程序和方法

2. 2018年1月1日，甲公司租用一层写字楼作为办公场所，租赁期限为3年，每年1月1日支付租金20万元，共支付3年。该租金支付形式属于（　　）。

A. 普通年金　　B. 预付年金

C. 递延年金　　D. 永续年金

3. 在下列各项资金时间价值系数中，与复利终值系数互为倒数关系的是（　　）。

A. $(P/F,i,n)$　　B. $(P/A,i,n)$

C. $(F/P,i,n)$　　D. $(F/A,i,n)$

4. 已知$(P/A,8\%,5)=3.992\ 7$，$(P/A,8\%,6)=4.622\ 9$，$(P/A,8\%,7)=5.206\ 4$，则6年期、折现率为8%的预付年金现值系数是（　　）。

A. 2.992 7　　B. 4.206 4　　C. 4.992 7　　D. 6.206 4

5. 某富商打算设立一项助学基金，每年年末拿出100万元资助农村贫困学生，该基金拟保存在中国农业银行，中国农业银行一年期的定期存款利率为4%，则该富商目前需要投资（　　）万元。

A. 2 000　　B. 2 200　　C. 2 500　　D. 2 600

二、多项选择题

1. 建设我国管理会计体系的主要任务和措施有（　　）。

A. 推进管理会计理论体系建设　　B. 推进管理会计指引体系建设

C. 推进管理会计人才队伍建设　　D. 推进面向管理会计的信息系统建设

2. 下列各项中，属于单位应用管理会计应当遵循的原则有（　　）。

A. 战略导向原则　　B. 融合性原则

C. 适应性原则　　D. 成本效益原则

3. 下列各项中，属于外部环境包括内容的有（　　）。

A. 组织架构　　B. 管理模式

C. 信息系统　　D. 资源

三、判断题

管理会计是会计的重要分支，主要服务于单位。（　）

同步训练
答案及分析

第二节　产品成本核算概述

【典型真题分析】

多项选择题

1.【2018 年】下列各项中，属于制造企业设置的成本项目有（　　）。

A. 制造费用　　B. 废品损失

C. 直接人工　　D. 直接材料

【答案】ABCD

【分析】对于制造企业而言，一般可设置“直接材料”“燃料及动力”“直接人工”“制造费用”等项目。由于生产的特点、各种生产费用支出的比重及成本管理和核算的要求不同，企业可根据具体情况，适当增加一些项目，如“废品损失”等成本项目。

2.【2015 年】下列关于确定成本核算对象的表述中正确的有（　　）。

A. 成本核算对象确定后，通常不应中途变更

B. 成本核算对象的确定是设立成本明细账，正确计算成本的前提

C. 多步骤连续加工产品，且管理上要求提供生产步骤成本信息的，以每种产品及生产步骤为成本核算对象

D. 小批或单件生产产品的以每批或每件产品为成本核算对象

【答案】ABCD

3.【2015 年】下列应计入产品成本的有（　　）。

A. 直接材料　　B. 直接燃料

C. 直接动力　　D. 生产车间管理人员的工资

【答案】ABCD

【分析】产品成本是企业在生产产品过程中所发生的材料费用、职工薪酬等，以及按定额标准分配后计入的各种间接费用。选项 ABC 属于直接产品成本，选项 D 属于间接费用。

▶【同步训练】

一、多项选择题

1. 成本核算的一般程序包括（　　）。

A. 确定成本核算对象　　B. 确定成本项目

C. 归集所发生的全部费用　　D. 结转产品销售成本

2. 下列关于成本核算的一般程序说法正确的有（　　）。

A. 根据生产特点和成本管理要求，确定成本核算对象

B. 确定成本项目

C. 设置有关成本和费用明细账

D. 收集确定各种产品的生产量、入库量、在产品盘存量以及材料、工时、动力消耗等，对所有已发生费用可以直接结转

3. 下列各项中，属于确定具体的成本核算对象要考虑的因素有（　　）。

A. 生产经营特点　　B. 产品品种

C. 管理要求　　D. 生产经营组织类型

二、判断题

假设企业只生产一种产品，那么直接生产成本和间接生产成本都可以直接计入该种产品成本。（　　）

同步训练
答案及分析

▶第三节　要素费用的归集和分配

▶【典型真题分析】

一、单项选择题

1.【2017年】某企业本月生产甲、乙两种产品分别耗用机器工时50 000小时和70 000小时，当月车间设备维修费96 000元（不考虑增值税），车间管理人员工资24 000元，该企业按照机器工时分配制造费用。不考虑其他因素，当月甲产品应分担的制造费用为（　　）元。

A. 14 000　　B. 10 000　　C. 40 000　　D. 50 000

【答案】B

【分析】车间设备维修费计入管理费用，车间管理人员工资计入制造费用。当月甲产品应分配的制造费用为50 000/（50 000+70 000）×24 000=10 000（元）。

2.【2015 年】下列各项中，应计入废品损失的是（　　）。

A. 可修复废品的修复费用

B. 实行“三包”企业的产品出售后发现的废品

C. 产品入库后因保管不善发生的变质净损失

D. 可修复废品返修前发生的生产费用

【答案】A

【分析】废品损失是指在生产过程中发现的、入库后发现的不可修复废品的生产成本，以及可修复废品的修复费用，扣除回收的废品残料价值和应收赔款以后的损失。

二、多项选择题

1.【2017 年】下列各项中，影响企业废品净损失的有（　　）。

A. 应由责任人赔偿的废品损失　　B. 可修复废品的修复费用

C. 不可修复废品的生产成本　　D. 回收的废品残料价值

【答案】ABCD

2.【2016 年】下列各项中，属于制造企业制造费用分配方法的有（　　）。

A. 生产工人工时比例法　　B. 交互分配法

C. 机器工时比例法　　D. 生产工人工资比例法

【答案】ACD

【分析】制造费用的分配，通常采用生产工人工时比例法、生产工人工资比例法、机器工时比例法和按年度计划分配率分配法等。选项 B 属于辅助生产费用的分配方法。

3.【2016 年】下列各项中关于要素费用的归集和分配，表述正确的是（　　）。

A. 不满一个工作日的停工，一般不计算停工损失

B. 实行“三包”企业在产品出售后发现的废品应包括在废品损失内

C. 辅助生产成本采用计划成本分配，实际发生的费用与按计划成本分配转出的费用之间的差额应当全部计入当期损益

D. 制造费用分配的生产工人工时比例法适用于各种产品机械化程度相差不多的企业

【答案】AC

【分析】实行“三包”企业在产品出售后发现的废品不包括在废品损失内，选项 B 不正确；生产工人工资比例分配法适用于各种产品生产机械化程度相差不多的企业，只有当生产工人工资是按生产工时比例分配的，按生产工人工资比例分配才等同于按生产工时比例分配，选项 D 不准确。

三、判断题

1.【2017 年】企业采用顺序分配法分配辅助生产费用时，受益多的辅助生产车间先分配，受益少的辅助生产车间后分配。（　　）

【答案】×

【分析】企业采用顺序分配法分配辅助生产费用时，受益少的辅助生产车间先分配，受益多的辅助生产车间后分配。

2.【2017 年】经质检部门鉴定不需要返修、可以降价出售的不合格品，不计入废品损失。（ ）

【答案】√

3.【2015 年】不单独核算停工损失的企业，应将发生的停工损失直接计入管理费用。（ ）

【答案】×

【分析】不单独核算停工损失的，停工期间发生的费用直接在“制造费用”和“营业外支出”等账户中反映。

▶【同步训练】

一、单项选择题

1. A 公司生产甲、乙两种产品领用某材料 5 190 千克，每千克 22 元。本月投产的甲产品为 230 件，乙产品为 270 件。甲产品的材料消耗定额为 16 千克，乙产品的材料消耗定额为 12 千克。则材料消耗量分配率为（ ）。

A. 0.75　　B. 0.47　　C. 0.79　　D. 0.49

2. 某企业生产 A、B 两种产品，A、B 两种产品的外购动力消耗定额分别为 4 工时和 6.5 工时。6 月份生产 A 产品 500 件，B 产品 400 件，共支付动力费 11 040 元。该企业按定额消耗量比例分配动力费，当月 A 产品应分配的动力费为（ ）元。

A. 3 840　　B. 4 800　　C. 6 133　　D. 6 240

3. A、B 两种产品共同消耗的燃料费用为 8 000 元，A、B 两种产品的定额消耗量分别为 150 千克和 250 千克。则按燃料定额消耗量比例分配计算的 A 产品应负担的燃料费用为（ ）元。

A. 2 000　　B. 3 000　　C. 4 000　　D. 8 000

4. A 公司基本生产车间生产甲、乙两种产品，共发生生产人员职工薪酬 3 000 万元，按生产工时比例分配，甲产品的生产工时为 400 小时，乙产品的生产工时为 600 小时，则甲产品应分配的职工薪酬为（ ）万元。

A. 1 200　　B. 1 800　　C. 1 500　　D. 2 200

5. 假定甲工厂设有机修和供电两个辅助生产车间。2018 年 5 月份在分配辅助生产费用以前，机修车间发生费用 1 200 万元，按修理工时分配费用，提供修理工时 500 小时，其中，供电车间耗用 20 小时，基本生产车间第一车间耗用 300 小时，第二车间耗用 120 小时，行政管理部门耗用 40 小时，销售部门耗用 20 小时。采用直接分配法分配辅助生产费用。在分配机修车间费用时，计入制造费用的金额为（ ）万元。

A. 50　　B. 1 050　　C. 750　　D. 120

6. 某工业企业下设供水、供电两个辅助生产车间，采用交互分配法进行辅助生产费用的分配。2018 年 4 月，供电车间交互分配前实际发生的生产费用为 100 000 元，应负担供水车间的水费为 20 000 元；供电总量为 500 000 千瓦时（其中：供水车间耗用 100 000 千瓦时，基本生产车间耗用 200 000 千瓦时，行政管理部门耗用 200 000 千瓦时）。供电车间 2018 年 4 月对辅助生产车间以外的受益单位分配电费的总成本为（　　）元。

A. 120 000　　B. 20 000　　C. 100 000　　D. 620 000

7. 如果在分配辅助生产费用时，将辅助生产车间按计划单位成本分配转出数与辅助生产车间实际发生的费用的差额，全部计入了管理费用，这种费用的分配方法是（　　）。

A. 顺序分配法　　B. 交互分配法

C. 计划成本分配法　　D. 代数分配法

8. 计划成本分配法的特点是（　　）。

A. 直接将辅助生产车间发生的费用分配给辅助生产车间以外的各个受益单位或产品

B. 辅助生产车间生产的产品或劳务按照计划单位成本计算、分配

C. 根据各辅助生产车间相互提供的产品或劳务的数量和成本分配率，在各辅助生产车间之间进行交互分配

D. 按照辅助生产车间受益多少的顺序分配费用

9. 辅助生产费用顺序分配法的分配顺序是（　　）。

A. 费用多的排列在前，费用少的排列在后

B. 费用少的排列在前，费用多的排列在后

C. 受益多的排列在前，受益少的排列在后

D. 受益少的排列在前，受益多的排列在后

10. 在各种辅助生产费用的分配方法中，最为准确的方法是（　　）。

A. 直接分配法　　B. 交互分配法

C. 顺序分配法　　D. 代数分配法

二、多项选择题

1. 动力可以按照（　　）进行分配。

A. 用电数　　B. 用水数

C. 产品的生产工时　　D. 机器工时

2. 下列关于辅助生产费用直接分配法的表述中，不正确的有（　　）。

A. 直接记入“生产成本——辅助生产成本”账户

B. 直接分配给所有受益的车间、部门

C. 直接分配给辅助生产以外的各受益单位

D. 直接计入辅助生产提供的劳务成本

3. 下列关于辅助生产费用顺序分配法的表述中，正确的有（　　）。

A. 分配辅助生产费用的顺序是，受益少的先分配，受益多的后分配

B. 分配辅助生产费用的顺序是，受益多的先分配，受益少的后分配

C. 适用于各辅助生产车间之间相互受益程度有明显顺序的企业

D. 适用于各辅助生产车间之间相互受益程度没有明显顺序的企业

三、判断题

1. 工资结算和支付的凭证为工资计算单或工资单，为便于成本核算和管理，一般按照车间、部门分别填制，是职工薪酬分配的依据。 （ ）
2. 对于职工薪酬的分配，如果采用按月支付工资金额分配本月工资费用，该方法适用于月份之间差别不大的情况。 （ ）
3. 直接分配法的特点是不考虑各辅助生产车间之间相互提供劳务或产品的情况，因此该方法适用于辅助生产车间内部相互提供产品和劳务比较多，对辅助生产成本和企业产品成本影响不大的情况。 （ ）
4. 辅助生产费用交互分配法的特点是，先将辅助生产费用在辅助生产车间之间进行交互分配，然后再将辅助生产车间交互分配后的实际费用，在辅助生产车间以外的各受益单位之间进行分配。 （ ）
5. 计划成本分配法下，辅助生产车间实际发生的费用等于待分配的辅助生产费用加上生产内部交互分配转入的费用。 （ ）
6. 不可修复废品损失的生产成本，可按废品所耗实际费用计算，也可按废品所耗定额费用计算。 （ ）
7. 可修复废品返修以前发生的生产费用转出计入废品损失，加上返修发生的各种费用，扣除回收的残料价值和应收的赔款，转入生产成本的借方。 （ ）
8. 采用按废品所耗定额费用计算不可修复废品成本时，废品的生产成本是按废品数量和各项费用定额计算的，不需要考虑废品实际发生的生产费用。 （ ）

同步训练
答案及分析

▶ 第四节 生产费用在完工产品和在产品之间的归集和分配

▶【典型真题分析】

一、单项选择题

1.【2017 年】某公司月初及本月的生产费用共计 7 200 元，其中直接材料 4 200 元，直接人工 1 800 元，制造费用 1 200 元。本月完工产品 100 件，月末在产品 40 件，其完工程度为 50%，材料在开始生产时一次投入。生产费用采用约当产量比例法在完工产品和在产品之间进行分配。不考虑其他因素，本月完工产品成本为（ ）元。

A. 6 600　　B. 5 500　　C. 7 200　　D. 6 000

【答案】B

【分析】完工产品应负担的直接材料成本 = 4 200/（100 + 40）× 100 = 3 000（元），完工产品应负担的直接人工成本 = 1 800/（100 + 40 × 50%）× 100 = 1 500（元），完工产品应负担的制造费用 = 1 200/（100 + 40 × 50%）× 100 = 1 000（元），所以本月完工产品

成本 = 3 000 + 1 500 + 1 000 = 5 500（元）。

2.【2017 年】某企业本月投产甲产品 50 件，乙产品 100 件，生产甲乙两种产品共耗用材料 4 500 千克，每千克 20 元，每件甲乙产品材料消耗定额为 50 千克，15 千克，按材料定额消耗量比例分配材料费用，甲产品分配的材料费用为（　　）元。

A. 50 000　　B. 30 000　　C. 33 750　　D. 56 250

【答案】D

【分析】甲产品应分配的材料费用 = 4 500 × 20 /（50 × 50 + 100 × 15）× 50 × 50 = 56 250（元）。

3.【2016 年】某企业生产甲、乙两种产品，耗用直接原材料 15 万元，车间管理人员薪酬 3 万元，车间设备计提折旧 9 万元，各项生产费用按照工时在甲、乙之间分配，甲、乙耗费工时分别为 100 小时、50 小时，则甲产品应分配的生产费用为（　　）万元。

A. 4　　B. 8　　C. 9　　D. 18

【答案】D

【分析】甲产品应分配的生产费用 =（15 + 3 + 9）× 100 /（100 + 50）= 18（万元）。

二、多项选择题

【2017 年】某企业生产费用在完工产品和在产品之间采用约当产量比例法进行分配。该企业甲产品月初在产品和本月生产费用共计 900 000 元。本月甲产品完工 400 台，在产品 100 台，且其平均完工程度为 50%，不考虑其他因素，下列各项中计算结果正确的有（　　）。

A. 甲产品的完工产品成本为 800 000 元

B. 甲产品的单位成本为 2 250 元

C. 甲产品在产品的约当产量为 50 台

D. 甲产品的在产品成本为 112 500 元

【答案】AC

【分析】在产品的约当产量为 100 × 50% = 50（台），所以甲产品的单位成本 900 000/（400 + 50）= 2 000（元），甲产品的完工产品成本为 2 000 × 400 = 800 000（元），在产品成本为 2 000 × 50 = 100 000（元）。

三、判断题

【2017 年】正在返修的废品、未经验收入库的产品以及等待返修的废品均属于在产品。（　　）

【答案】√

【分析】在产品是指没有完成全部生产过程、不能作为商品销售的产品，包括正在车间加工中的在产品（包括正在返修的废品）和已经完成一个或几个生产步骤但还需继续加工的半成品（包括未经验收入库的产品和等待返修的废品）两部分。

▶【同步训练】

一、单项选择题

1. 不计算在产品成本法适用于(　　)。
   A. 各月月末在产品数量很大的产品
   B. 各月月末在产品数量很小的产品
   C. 各月月末在产品数量变化不大的产品
   D. 各月月末在产品数量变化很大的产品
2. 某企业生产A产品需两个生产步骤,第一步骤定额工时为20小时,第二步骤定额工时为30小时,在各步骤内在产品完工程度均为本步骤的50%,则第二步骤在产品的完工程度为(　　)。
   A. 40%　　B. 50%　　C. 60%　　D. 70%
3. 甲产品经过两道工序加工完成,采用约当产量比例法将直接人工成本在完工产品和月末在产品之间进行分配。甲产品月初在产品和本月发生的直接人工成本总计23 200元。本月完工产品200件;月末第一工序在产品20件,完成全部工序的40%;第二工序在产品40件,完成全部工序的60%。月末在产品的直接人工成本为(　　)元。
   A. 2 400　　B. 3 200　　C. 6 000　　D. 20 000
4. 某企业采用定额比例法分配材料成本,某月发出材料5 500千克,单价25元。生产A产品350件,单位消耗定额20千克;生产B产品150件,单位消耗定额12千克。A产品应分配材料成本为(　　)元。
   A. 109 375　　B. 77 000　　C. 5 468.75　　D. 65 625
5. 某公司生产甲产品和乙产品,甲产品和乙产品为联产品。6月份发生加工成本5 000 000元。甲产品和乙产品在分离点上的销售价格总额为8 000 000元,其中甲产品的销售价格总额为3 000 000元,乙产品的销售价格总额为5 000 000元。采用相对销售价格分配法分配联合成本,则甲产品应分配的联合成本为(　　)元。
   A. 2 500 000　　B. 1 875 000　　C. 3 125 000　　D. 4 000 000

二、多项选择题

1. 采用在产品按固定成本计算法时应具备的条件有(　　)。
   A. 月末在产品数量多,但各月变化不大　　B. 月末在产品数量多且各月变化较大
   C. 月末在产品数量很小　　D. 月初、月末在产品数量变化不大
2. 某产品由三道工序加工而成,原材料在每道工序之初投入,各工序的材料消耗定额分别为20千克、30千克和50千克,用约当产量法分配原材料费用时,以下关于各工序在产品的完工程度计算正确的有(　　)。
   A. 第一道工序的完工程度为20%　　B. 第二道工序的完工程度为50%
   C. 第三道工序的完工程度为100%　　D. 第二道工序的完工程度为35%
3. 采用定额比例法分配完工产品和月末在产品费用,应具备的条件有(　　)。

A. 各月末在产品数量变化较大
B. 各月末在产品数量变化不大
C. 消耗定额或成本定额比较稳定
D. 消耗定额或成本定额波动较大

4. 下列各项中，不属于联产品的联合成本分配法的有（　　）。
A. 相对销售价格分配法
B. 生产工时比例法
C. 实物量分配法
D. 定额比例法

三、判断题

1. 在约当产量比例法中，在产品的原材料费用不需要计算在产品的约当产量。（　　）
2. 联产品在分离前，按照一个成本核算对象设置一个成本明细账归集联合成本，分离后需要进一步加工的，按照各种产品分别设置明细账，归集其分离后所发生的加工成本。（　　）
3. 在产品清查工作应定期进行，也可以不定期轮流清查，车间没有建立在产品收发日常核算的，应当每天清查一次在产品，以取得在产品的实际盘存资料，用来计算产品成本。（　　）

四、实训题

实　训　一

（一）目的：掌握完工产品成本的计算。

（二）资料：某工业企业甲产品的原材料在生产开始时一次投入，产品成本中的原材料费用所占比重很大，月末在产品按其所耗原材料费用计价，其 2018 年 6 月初在产品费用为 8 000 元，该月生产费用为：直接材料为 16 000 元，直接人工为 3 000 元，制造费用为 4 000 元，该月完工产品 500 件，月末在产品 300 件。

（三）要求：计算完工产品成本。

实　训　二

（一）目的：掌握约当产量比例法。

（二）资料：某企业 2018 年 8 月生产的丁产品需经过两道工序制造完成。该企业本月完工产品 600 件，假定各工序在产品完工程度为 50%。月初在产品和本月发生的职工薪酬合计 7 128 元。该产品各工序的工时定额和月末在产品数量如下表所示。

工序	各工序工时定额 / 小时	月末在产品数量 / 件
1	180	500
2	120	300
合计	300	800

要求：(1）计算各工序的完工程度。

（2）计算各工序在产品约当产量。

（3）计算职工薪酬的分配率。

（4）计算完工产品的职工薪酬。

（5）计算在产品的职工薪酬。

同步训练
答案及分析

▶第五节 产品成本计算方法

▶【典型真题分析】

一、单项选择题

1.【2017年】下列各项中，关于逐步结转分步法特点的表述不正确的是（　　）。

A. 适用于大量大批连续式复杂性生产的企业

B. 成本计算期与产品的生产周期一致

C. 月末生产费用要在各步骤完工产品和在产品之间进行分配

D. 成本核算对象是各种产品的生产步骤

【答案】B

【分析】逐步结转分步法的成本计算期是固定的，与产品的生产周期不一致，选项B错误。

2.【2017年】下列各项中，关于产品成本计算品种法的表述正确的是（　　）。

A. 成本计算期与财务报告期不一致

B. 以产品品种作为成本计算对象

C. 以产品批别作为成本计算对象

D. 广泛适用于小批或单件生产的企业

【答案】B

【分析】品种法下一般定期（每月月末）计算产品成本，产品成本计算期与财务报告期一致，选项A错误；品种法是以产品品种作为成本核算对象，选项C错误；品种法适用于单步骤、大量生产的企业，如发电、供水、采掘等企业，选项D错误。

二、多项选择题

1.【2017年】下列各项中，关于产品成本计算品种法的特点表述正确的有（　　）。

A. 不定期计算产品成本

B. 适用于单步骤、大量生产的企业

C. 期末在产品数量较少时，完工产品与在产品之间分配生产费用

D. 以产品品种作为成本核算的对象

【答案】BD

【分析】品种法适用于单步骤、大量生产的企业，如发电、供水、采掘等企业。品种法下，一般定期计算产品成本，选项A错误。品种法下月末一般不存在在产品，即使有数量

也很少，一般不需要将生产费用在完工产品与在产品之间进行划分，选项 C 错误。

2.【2017 年】下列各项中，关于产品成本计算分批法的表述正确的有（　　）。

A. 需要计算和结转各步骤产品的生产成本

B. 一般不需要在完工产品和在产品之间分配成本

C. 成本计算期与产品生产周期基本一致

D. 以产品的批别作为成本核算对象

【答案】BCD

【分析】选项 A 属于分步法成本核算的特点。

▶【同步训练】

一、单项选择题

1. 下列各种产品成本计算方法中，适用于单步骤、大批量生产的是（　　）。

A. 分批法　　B. 分步法

C. 品种法　　D. 分类法

2. 关于品种法下列说法正确的是（　　）。

A. 适用于单步骤、小量生产的企业

B. 品种法下一般不需要定期计算产品成本

C. 生产按流水线组织或管理上不要求按照生产步骤计算产品成本情况下，可以按照品种法计算产品成本

D. 生产成本不需要在完工产品和在产品之间进行分配

3. 分批法适用于（　　）。

A. 单件、小批生产　　B. 大批大量生产

C. 大量大批多步骤生产　　D. 大量大批单步骤生产

4. 适用于需要计算半成品成本的多步骤生产的成本计算方法是（　　）。

A. 品种法　　B. 分步法

C. 分批法　　D. 分类法

5. 下列关于逐步结转分步法和平行结转分步法的表述中，不正确的是（　　）。

A. 逐步综合结转分步法下不需要进行成本还原

B. 逐步综合结转分步法下能提供各个生产步骤的半成品成本资料

C. 平行结转分步法下能够直接提供按原始成本项目反映的产成品成本资料

D. 平行结转分步法下各步骤的产品生产成本并不伴随着半成品实物的转移而结转

二、多项选择题

1. 下列关于成本计算品种法的表述中，正确的有（　　）。

A. 以产品品种作为成本计算对象，归集和分配生产费用，计算产品成本

B. 适用于多步骤生产，但管理上不要求分步计算成本的企业

C. 如果月末有在产品，要将生产成本在完工产品和在产品之间进行分配

D. 一般定期（每月月末）计算产品成本

2. 下列各项中，属于分批法特点的有（　　　）。

A. 产品成本计算期与产品生产周期基本一致，成本计算不定期

B. 一般不存在在产品与完工产品之间分配成本的问题

C. 适用于发电、供水、采掘等企业

D. 成本核算对象是产品的批别

3. 下列各项中，属于逐步结转分步法的优点有（　　　）。

A. 不需要进行成本还原

B. 能够提供各个生产步骤的半成品成本资料

C. 为各生产步骤的在产品实物管理及现金管理提供资料

D. 能够全面地反映各生产步骤的生产耗费水平

4. 下列关于平行结转分步法的说法中，正确的有（　　　）。

A. 不计算各步骤所产半成品成本

B. 不计算各步骤所耗上一步骤的半成品成本

C. 能够简化和加速成本计算工作

D. 不能全面地反映各该步骤产品的生产耗费水平（第一步骤除外）

三、判断题

1. 产品成本计算的品种法只适用于大量大批的单步骤生产的企业。（　　）

2. 分批法下，产品成本的计算是与生产任务通知单的签发和结束紧密结合的，因此产品成本计算是不定期的。（　　）

3. 采用逐步结转分步法不需要进行成本还原，采用分项结转分步法需要进行成本还原。（　　）

4. 采用平行结转分步法，每一生产步骤的生产成本要在最终完工产品与本步骤尚未加工完成的在产品之间进行分配。（　　）

5. 平行结转分步法的主要缺点是需要进行成本还原。（　　）

6. 逐步结转分步法是为了分步计算半成品成本而采用的一种分步法。（　　）

同步训练
答案及分析

第十章　政府会计基础

本章重点与难点

1. 政府会计概述等相关理论。
2. 资产、负债、净资产相关账务处理。
3. 收支业务的账务处理。

知识点结构图

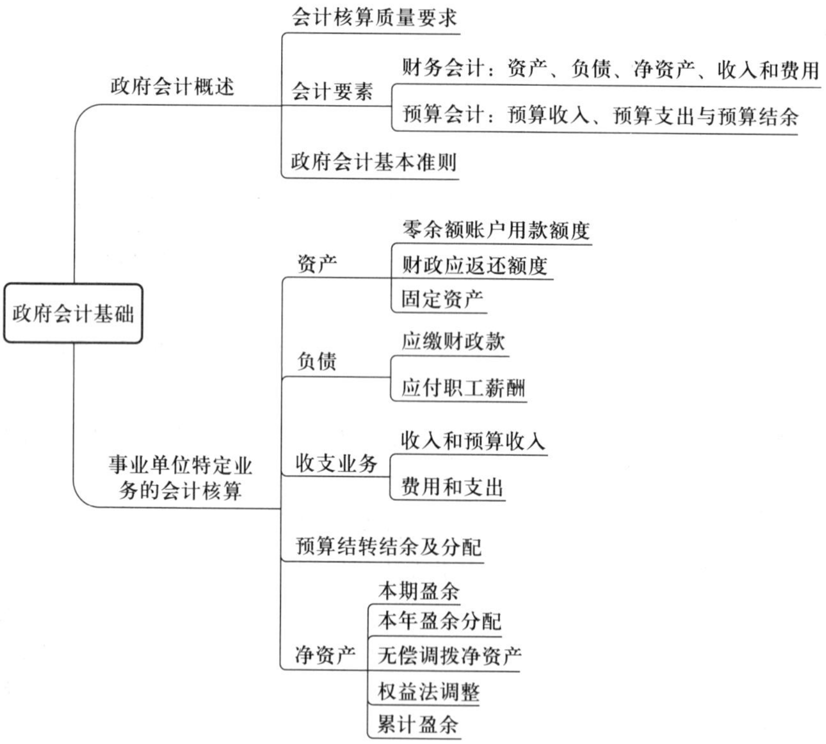

▶ 第一节 政府会计概述

▶【典型真题分析】

单项选择题

1.【2018 年】下列各项中，属于政府财务会计要素的是（ ）。

A. 预算结余
B. 预算收入
C. 净资产
D. 预算支出

【答案】C

【分析】政府财务会计要素包括资产、负债、净资产、收入和费用。选项 ABD，属于政府预算会计要素。

2.【2018 年】下列各项中，关于政府决算报告的表述不正确的是（ ）。

A. 综合反映政府会计主体预算收支的年度执行结果
B. 是政府综合财务报告的重要组成内容
C. 以预算会计核算生成的数据为准
D. 主要以收付实现制为编制基础

【答案】B

【分析】政府决算报告的目标是向决算报告使用者提供与政府预算执行情况有关的信息，综合反映政府会计主体预算收支的年度执行结果，有助于决算报告使用者进行监督和管理，并为编制后续年度预算提供参考和依据。选项 B，政府综合财务报告属于政府财务报告，和政府决算报告是平行编制的报告，不存在包含与被包含的关系。

▶【同步训练】

一、单项选择题

下列各项中属于对政府会计信息的约束性要求的是（ ）。

A. 可靠性
B. 全面性
C. 相关性
D. 实质重于形式

二、多项选择题

1. 下列关于政府会计核算的说法正确的有（ ）。

A. 一般预算会计实行收付实现制，财务会计实行权责发生制
B. 政府会计主体应当编制决算报告和财务报告，决算报告的编制以收付实现制为基础
C. 政府会计核算应该根据需要选择人民币或外币作为记账本位币

D. 政府会计核算应当采用借贷记账法记账

2. 下列关于政府会计核算体系说法正确的有（　　）。

A. 财务会计主要反映和监督预算收支执行情况

B. 预算会计实行收付实现制

C. 财务会计实行权责发生制

D. 政府会计主体应当编制决算报告和财务报告，其中决算报告的编制主要以收付实现制为基础

3. 在政府会计信息质量要求中，属于对会计信息质量的实质性要求的有（　　）。

A. 可靠性　　B. 全面性

C. 相关性　　D. 及时性

三、判断题

1. 政府财务报告的编制主要以收付实现制为基础，以预算会计核算生成的数据为准。（　　）

2. 政府预算会计要素包括预算收入、预算支出与预算结余。（　　）

3. 政府会计制度依据基本准则制定，主要规定政府会计账户及账务处理、报表体系及编制说明等，与政府会计具体准则及应用指南相互协调、相互补充。（　　）

同步训练
答案及分析

▶第二节　政府单位特定业务的会计核算

▶【典型真题分析】

单项选择题

1.【2018年改】下列各项中，不属于事业单位净资产类项目的是（　　）。

A. 专用基金　　B. 累计盈余

C. 以前年度盈余调整　　D. 应缴财政款

【答案】D

【分析】选项D，应缴财政款属于事业单位负债类项目。

2.【2018年改】2017年10月9日，某事业单位为增值税小规模纳税人，购入一台不需要安装的专用设备，用于本单位的专业业务活动，设备价款和增值税款合计为580 000元，使用商业汇票支付，假定不考虑其他因素，该事业单位购入固定资产的账务处理为（　　）。

A. 借：固定资产　　500 000

　　　应交增值税——应交税金　　80 000

贷：应付票据 580 000

B. 借：固定资产 580 000

贷：应付票据 580 000

C. 借：固定资产 580 000

贷：其他货币资金 580 000

D. 借：固定资产 500 000

应交增值税——应交税金 80 000

贷：其他货币资金 580 000

【答案】B

【分析】会计分录为：

借：固定资产 580 000

贷：应付票据 580 000

3.【2018年改】下列各项中，事业单位应当通过"事业收入"账户核算的是（ ）。

A. 开展专业业务活动实现的收入

B. 从同级财政部门取得的财政拨款

C. 从主管部门取得的非财政拨款收入

D. 取得的附属独立核算单位上缴的收入

【答案】A

【分析】事业单位的事业收入是指事业单位开展专业业务活动实现的收入。选项B，从同级财政部门取得的财政拨款，通过"财政拨款收入"账户核算；选项C，通过"上级补助收入"账户核算；选项D，通过"附属单位上缴收入"账户核算。

4.【2018年】下列各项中，关于事业单位"零余额账户用款额度"账户的表述正确的是（ ）。

A. 该账户年末应无余额

B. 该账户属于负债账户

C. 借方登记收到财政直接支付到账额度

D. 贷方登记财政授权支付到账额度

【答案】A

【分析】"零余额账户用款额度"属于资产类账户，该账户借方登记收到授权支付到账额度，贷方登记支用的零余额用款额度，期末借方余额反映事业单位尚未支用的零余额用款额度。年末注销单位零余额账户用款额度后，本账户应无余额。

▶【同步训练】

一、单项选择题

1. 政府单位核算国库集中支付业务，设置的下列会计账户中，不属于财务会计中的会计账户的是（ ）。

A. 行政支出

B. 事业支出

C. 财政拨款预算收入

D. 财政拨款收入

2. 实行国库集中支付制度的政府单位进行的下列财务会计处理中，正确的是（ ）。

A. 单位收到“授权支付到账通知书”时，根据通知书所列金额，借记“银行存款”“事业支出”或“零余额账户用款额度”账户，贷记“财政拨款收入”账户

B. 在财政授权支付方式下，政府单位支出日常活动费用时，借记“业务活动费用”“单位管理费用”等账户，贷记“零余额账户用款额度”账户

C. 单位年末尚未支用的零余额账户用款额度，保留余额，列示于资产负债表即可

D. 零余额账户不能提取现金

3. 下列各项中，不通过“库存物品”账户中核算的是（　　）。

A. 包装物　　B. 低值易耗品

C. 达不到固定资产标准的用具、装具　　D. 单位控制的政府储备物资

4. 政府单位盘亏、毁损或报废固定资产的，应将其账面余额和相关累计折旧转入的账户是（　　）。

A. 固定资产清理　　B. 待处置资产损溢

C. 待处理财产损溢　　D. 资产处置费用

5. 下列各项中，不属于政府单位流动负债的是（　　）。

A. 应缴税费　　B. 应付职工薪酬

C. 预计负债　　D. 应缴款项

6. 政府单位以财政直接支付的方式外购无形资产的，在借记“无形资产”账户的同时，应贷记的账户是（　　）。

A. 事业收入　　B. 财政拨款收入

C. 零余额账户用款额度　　D. 银行存款

7. 政府会计主体对固定资产计提折旧时，不可能借记的账户是（　　）。

A. 业务活动费用　　B. 单位管理费用

C. 加工物品　　D. 资产处置费用

8. 2019 年，某政府单位的收入、费用发生额如下：财政拨款收入为 900 万元，上级补助收入为 300 万元，事业收入为 600 万元，经营收入为 100 万元，投资收益为 50 万元，业务活动费用为 800 万元，单位管理费用为 400 万元，经营费用为 120 万元，资产处置费用为 200 万元。不考虑其他因素，该政府单位的本期盈余金额为（　　）万元。

A. 450　　B. 330　　C. 430　　D. 410

9. 按规定上缴财政拨款结转资金、向其他单位调出财政拨款结转资金，按照实际上缴资金数额、实际调减的额度数额或调出的资金数额，在预算会计中应借记（　　）。

A. 资金结存　　B. 累计盈余

C. 财政拨款结转　　D. 以前年度盈余调整

二、多项选择题

1. 政府单位发生的下列交易或事项，其账务处理不正确的有（　　）。

A. 应缴财政的款项不属于纳入部门预算管理的现金收支，因此不进行预算会计处理

B. 按照税法规定代扣职工个人所得税时，应借记“应付职工薪酬——基本工资”账户，贷记“应缴税费”账户

C. 从应付职工薪酬中代扣社会保险费和住房公积金时，按代扣的金额，借记“应付职工薪酬——基本工资”账户，贷记“应付职工薪酬——社会保险费、住房公积金”账户

D. 从应付职工薪酬中代扣为职工垫付的水电费、房租等费用时，按实际扣除的金额，借记“应付职工薪酬——基本工资”账户，贷记“其他应交税费”账户

2. 政府会计主体取得固定资产时所发生的下列支出中，应当计入固定资产成本的有（　　）。

A. 购买价款、相关税费　　B. 运输费、装卸费

C. 安装调试费　　D. 专业人员服务费

3. 下列关于政府单位财政拨款结转结余的核算，表述正确的有（　　）。

A. 年末财政拨款结余的明细账户，除累计盈余外，均无余额

B. 从其他单位调入的财政拨款结转资金，应增记累计盈余的金额

C. 年末应将财政拨款结转的余额全部转入财政拨款结余

D. 因以前年度会计差错调整财政拨款结转资金的，应借记“以前年度盈余调整”账户

4. 下列关于政府单位资产、负债的表述中，正确的有（　　）。

A. 资产发生减值时，均应计提减值准备

B. 应缴财政款主要包括应缴国库的款项和应缴财政专户的款项

C. 单位应当对所有的固定资产计提折旧

D. 支付职工薪酬时，预算会计应确认财政拨款预算收入，或贷记“资金结存”账户

5. 在财政授权支付方式下，甲单位进行的下列财务会计处理中，正确的有（　　）。

A. 年末，本年度财政授权支付预算指标数大于零余额账户用款额度下达数的，根据未下达的用款额度，借记“财政应返还额度”，贷记“财政拨款收入”账户，同时在预算会计中借记“资金结存——财政应返还额度”账户，贷记“财政拨款预算收入”账户

B. 下年年初，单位根据代理银行提供的上年度注销额度恢复到账通知书作恢复额度的处理，借记“财政应返还额度”账户，贷记“零余额账户用款额度”账户

C. 下年年初，单位收到财政部门批复的上年未下达零余额账户用款额度，借记“零余额账户用款额度”，贷记“财政应返还额度”账户同时，在预算会计中借记“资金结存——零余额账户用款额度”账户，贷记“资金结存——财政应返还额度”账户

D. 年末将零余额账户用款额度注销后，零余额账户用款额度不再有余额

同步训练
答案及分析

第二部分　模拟试题

▶ 全真模拟试题（一）

一、单项选择题（本类题共 24 小题，每小题 1.5 分，共 36 分。每小题备选答案中，只有一个符合题意的正确答案。多选、错选、不选均不得分。）

1. 以下不属于会计的拓展职能的是（　　）。

A. 预测经济前景　　B. 参与经济决策

C. 评价经营业绩　　D. 会计核算

2. 将无力支付的商业承兑票据转为企业的应付账款，对会计等式的影响是（　　）。

A. 一项资产减少一项负债减少　　B. 一项负债减少一项所有者权益减少

C. 一项资产增加一项负债增加　　D. 一项负债增加一项负债减少

3. “所有者权益”类账户的本期增加额和期末余额应登记在该账户的（　　）。

A. 借方　　B. 贷方

C. 借方和贷方　　D. 贷方和借方

4. 某企业年初“坏账准备”账户的贷方余额为 20 万元，本年收回上年已确认为坏账的应收账款 5 万元，确定“坏账准备”账户年末贷方余额应为 30 万元，不考虑其他因素，该企业年末应计提的坏账准备为（　　）万元。

A. 30　　B. 5　　C. 10　　D. 15

5. 企业出租固定资产，收到的租金应记入（　　）账户的贷方。

A. 其他业务收入　　B. 固定资产清理

C. 应收账款　　D. 其他应收款

6. 某企业为增值税小规模纳税人，该企业购入一批原材料，取得增值税专用发票上注明的价款为 150 万元，增值税税额为 24 万元，另付运费 1 万元，增值税税额为 0.1 万元，不考虑其他因素，该批原材料的入账成本为（　　）万元。

A. 175.1　　B. 151　　C. 175　　D. 174

7. 某企业原材料采用实际成本核算，2018 年 6 月 29 日该企业对存货进行全面清查。发现短缺原材料一批，账面成本 12 000 元，已计提存货跌价准备 2 000 元。经确认，应由保险公司赔款 4 000 元，由过失人员赔款 3 000 元，假定不考虑其他因素，该项存货清查业务应确认的净损失为（　　）元。

A. 3 000　　B. 5 000　　C. 6 000　　D. 8 000

8. 下列关于低值易耗品的说法中，不正确的是（　　）。

A. 低值易耗品应通过“周转材料”账户核算

B. 低值易耗品符合存货定义和条件的，通常应当按照使用次数分次计入成本费用

C. 金额较小的低值易耗品，可在领用时计入成本费用

D. 摊销低值易耗品的价值时，均应计入管理费用

9. 2019 年 1 月 1 日，某企业向银行借入资金 60 000 元，期限为 6 个月，年利率为 5%，借

款利息分月计提，季末支付，本金到期一次归还，下列各项中，2019 年 6 月 30 日，该企业支付借款利息的会计处理正确的是（　　）。

A. 借：财务费用 500
　　应付利息 250
　　贷：银行存款 750

B. 借：财务费用 750
　　贷：银行存款 750

C. 借：应付利息 500
　　贷：银行存款 500

D. 借：财务费用 250
　　应付利息 500
　　贷：银行存款 750

10. 某公司 2019 年年初所有者权益总额为 1 360 万元，当年实现净利润 450 万元，提取盈余公积 45 万元，向投资者分配现金股利 200 万元，本年内以资本公积转增资本 50 万元，投资者追加现金投资 30 万元。该公司年末所有者权益总额为（　　）万元。

A. 1 565　　B. 1 595　　C. 1 640　　D. 1 795

11. 下列各项中，应确认为其他业务收入的是（　　）。

A. 银行存款利息收入　　B. 转让商标使用权收入
C. 接受现金捐赠利得　　D. 现金股利收入

12. 下列各项中，关于企业采用支付手续费方式委托代销商品会计处理的表述正确的是（　　）。

A. 支付的代销手续费计入主营业务成本
B. 发出委托代销商品时确认相应的主营业务成本
C. 发出委托代销商品时确认销售收入
D. 收到委托方开出的代销清单时确认销售收入

13. 某企业 2018 年度实现利润总额 1 450 万元，当年发生的管理费用中按规定不能税前扣除的业务招待费为 10 万元，企业适用所得税税率为 25%，该企业 2018 年实现的净利润为（　　）万元。

A. 1 085　　B. 1 087.5　　C. 1 095　　D. 1 450

14. 企业让渡资产使用权所计提的摊销额等，一般应该计入（　　）。

A. 营业外支出　　B. 主营业务成本
C. 其他业务成本　　D. 管理费用

15. 下列属于企业资产负债表负债项目的是（　　）。

A. 递延收益　　B. 预付账款
C. 其他收益　　D. 其他综合收益

16. 2018 年 12 月，某企业结转销售商品成本 100 000 元，结转销售材料成本 2 000 元，对外捐赠支出 5 000 元，不考虑其他因素，该企业 2018 年 12 月利润表“营业成本”项目的本期金额为（　　）元。

A. 105 000　　B. 107 000　　C. 102 000　　D. 100 000

17. 2018 年 12 月初某企业“应收账款”明细账账户借方余额为 300 万元，相应的“坏账准备”账户贷方余额为 20 万元。2018 年 12 月 31 日，该企业应补提坏账准备 11 万元。假定不考虑其他因素，2018 年 12 月 31 日该企业资产负债表“应收票据及应收账款”项目的金额为（　　）万元。

A. 269　　B. 300　　C. 291　　D. 280

18. 下列各项中，属于工业企业成本项目的是（　　）。

A. 财务费用　　B. 燃料和动力

C. 管理费用　　D. 销售费用

19. A 公司生产甲、乙两种产品领用某材料 5 190 千克，每千克 22 元。本月投产的甲产品为 230 件，乙产品为 270 件。甲产品的材料消耗定额为 16 千克，乙产品的材料消耗定额为 12 千克。则材料消耗量分配率为（　　）。

A. 0.75　　B. 0.47　　C. 0.79　　D. 0.49

20. 采用分批法计算产品成本时，成本核算对象是（　　）。

A. 产品品种　　B. 产品批别

C. 生产步骤　　D. 产品产量

21. 杨先生是一位热心于公益事业的人，自 2009 年 12 月底开始，他每年都要向一位失学儿童捐款 1 000 元，帮助这位失学儿童从小学一年级读完九年义务教育。假设每年定期存款利率都是 2%，则杨先生 9 年的捐款在 2018 年年底相当于（　　）元。[已知（F/A，2%，9）= 9.754 6，（F/A，2%，10）= 10.950]

A. 9 754.6　　B. 19 509.2　　C. 10 950　　D. 21 900

22. 下列方法中，不属于成本管理领域应用工具方法的是（　　）。

A. 目标成本法　　B. 标准成本法

C. 变动成本法　　D. 作业预算法

23. 单位会计核算的资产不仅要包括单位占有、使用的资产，还要包括受托管理的资产，以及负责经管责任的公共基础设施、政府储备物资等，这体现了政府会计信息质量要求中的（　　）。

A. 及时性　　B. 全面性

C. 相关性　　D. 可比性

24. 关于政府财务报告的内容和构成，下列说法中不正确的是（　　）。

A. 政府财务报告是反映政府会计主体某一特定日期的财务状况和某一会计期间的运行情况和现金流量等信息的文件

B. 政府财务报告的目标是向财务报告使用者提供与政府财务状况、运行情况和现金流量等有关的信息，反映政府会计主体公共受托责任履行情况，有助于财务报告使用者作出决策或者进行监督和管理

C. 政府单位均必须编制现金流量表

D. 净资产变动表是反映政府会计主体在某一年度内净资产项目变动情况的报表

二、多项选择题（本类题共 12 小题，每小题 2 分，共 24 分。每小题备选答案中，有两个或两个以上符合题意的正确答案。多选、少选、错选、不选均不得分。）

1. 以下关于原始凭证数字及文字填写表述正确的有（　　）。

A. 中文大写金额数字应用正楷或草书填写，如果金额数字书写中使用繁体字，银行也可以受理

B. 中文大写金额数字到“元”为止的，在“元”之后，应写“整”（或“正”字），在“角”之后，可以不写“整”（或“正”）字。大写金额数字有“分”的，“分”后面可以不写“整”（或“正”）字

C. 阿拉伯数字中间连续有几个“0”时，中文大写金额中间可以只写一个“零”字

D. 中文大写金额数字前应表明“人民币”字样，大写数字应紧接“人民币”字样填写

2. 错账更正的方法主要有（　　）。

A. 涂改法　　B. 划线更正法

C. 红字更正法　　D. 补充登记法

3. 下列各项中，属于企业其他货币资金的有（　　）。

A. 信用卡存款　　B. 存出投资款

C. 外埠存款　　D. 银行本票存款

4. 下列关于固定资产会计处理的表述，正确的有（　　）。

A. 固定资产折旧方法一经确定不得改变

B. 固定资产减值损失一经确认在以后会计期间不得转回

C. 季节性停用的固定资产不停止计提折旧

D. 自行建造的固定资产应自办理竣工决算时开始计提折旧

5. 下列属于“材料成本差异”账户贷方登记的内容的有（　　）。

A. 购进材料实际成本小于计划成本的差额

B. 发出材料应负担的超支差异

C. 发出材料应负担的节约差异

D. 购进材料实际成本大于计划成本的差额

6. 关于预收账款，下列说法中正确的是（　　）。

A. 预收账款所形成的负债，一般不是以货币偿付，而是以货物清偿

B. “预收账款”账户借方登记企业向购货方发货后冲销的预收账款数额和退回购货方多付账款的数额

C. 预收货款业务不多的企业，可以不单独设置“预收账款”账户，其所发生的预收货款，可通过“预付账款”账户核算

D. 预收账款属于企业的短期债务

7. 下列选项中，影响企业可供分配利润的有（　　）。

A. 本年实现的净利润　　B. 用盈余公积弥补亏损

C. 发放现金股利　　D. 投资者投入资本

8. 下列各项中，不应计入管理费用的有（　　）。

A. 总部办公楼折旧　　B. 生产设备改良支出

C. 经营租出专用设备的修理费
D. 专设销售机构房屋的修理费

9. 下列各项，影响当期利润表中净利润的有（　　）。

A. 对外捐赠无形资产
B. 确认所得税费用
C. 固定资产盘亏净损失
D. 固定资产出售利得

10. 下列各项中，属于管理会计要素的有（　　）。

A. 工具方法
B. 信息与报告
C. 应用环境
D. 管理会计活动

11. 下列各项中，属于企业生产费用在完工产品和在产品之间分配的方法有（　　）。

A. 在产品按定额成本计价法
B. 交互分配法
C. 约当产量比例法
D. 不计算在产品成本法

12. 关于政府单位固定资产的核算，下列说法中正确的有（　　）。

A. 单位接受固定资产捐赠时实际支付的税费、运输费等，在预算会计中应计入其他支出
B. 已交付使用但尚未办理竣工决算手续的固定资产，按照估计价值入账，待办理竣工决算后再按照实际成本调整原来的暂估价值
C. 以借入、经营租赁租入方式取得的固定资产，应通过“固定资产”账户核算
D. 当月增加的固定资产，当月开始计提折旧；当月减少的固定资产，当月不再计提折旧

三、判断题（本类题共 10 小题，每小题 1 分，共 10 分。每小题答题正确的得 1 分，答题错误的扣 0.5 分，不答题的不得分也不扣分，本类题最低得分为 0 分。）

1. 企业可以根据银行存款余额调节表直接调整银行存款的账面金额。（　　）
2. 取得交易性金融资产时，所支付的价款中包含被投资单位已宣告但尚未发放的现金股利，应确认为应收股利。（　　）
3. 资产负债表日企业按工资总额的一定比例计提的基本养老保险属于设定提存计划，通过“应付职工薪酬——非货币性福利——基本养老保险费”账户核算。（　　）
4. 企业当年实现净利润，应借记“本年利润”账户，贷记“利润分配——未分配利润”账户，发生亏损，则不做处理。（　　）
5. 应付账款附有现金折扣条件的，企业应按照现金折扣后的应付款净额记入“应付账款”账户。（　　）
6. 企业生产车间发生的固定资产日常修理费用应确认为制造费用。（　　）
7. 企业年报中所有者权益变动表中，“未分配利润”项目本年年末余额应与资产负债表中“未分配利润”项目年末余额相一致。（　　）
8. 产品成本计算的品种法主要适用于大批大量单步骤生产或管理上不要求提供有关生产步骤成本信息的多步骤生产。（　　）
9. 产品成本是费用总额的一部分，包括为生产一定种类或数量的完工产品的费用及期末未完工产品的费用。（　　）
10. 军队属于政府会计主体，核算时适用于政府会计基本准则。（　　）

四、不定项选择题（本类题共3大题，每大题有5个小题，每小题2分，共30分，每小题备选答案中有一个或一个以上符合题意的正确答案。每小题全部选对得满分，少选得相应分值，多选、错选、不选均不得分。）

1. 甲公司为一家上市公司，2018年进行对外投资的有关资料如下：

（1）2月17日，甲公司委托证券公司从二级市场购入A公司股票，支付价款1 640万元（其中包含已宣告但尚未发放的现金股利40万元），将其划分为交易性金融资产。另支付相关交易费用4万元，取得的增值税专用发票上注明的增值税税额为0.24万元。

（2）3月5日，甲公司收到A公司发放的现金股利40万元并存入银行。

（3）6月30日，甲公司持有A公司股票的公允价值下跌为1 480万元。

（4）12月31日，甲公司持有A公司股票的公允价值上升为1 680万元。

（5）2019年1月15日，甲公司将持有的A公司股票全部出售，售价为1 840万元，款项存入银行。已知转让金融商品应交增值税税率为6%。

要求：根据上述资料，不考虑其他因素，分析回答下列小题。（答案中的金额单位用万元表示，计算结果出现小数的，保留小数点后两位小数）

（1）根据资料（1）和资料（2），下列处理不正确的有（　　）。

A. 该交易性金融资产的入账成本为1 604万元

B. 3月5日收到现金股利时应冲减应收股利40万元

C. 购入股票时发生的交易费用应记入“投资收益”账户的借方

D. 3月5日收到现金股利时应确认投资收益40万元

（2）根据资料（3）和资料（4），下列处理正确的有（　　）。

A. 6月30日应确认的公允价值变动损益为−120万元

B. 12月31日应确认的公允价值变动损益为200万元

C. 6月30日应确认的公允价值变动损益为124万元

D. 12月31日累计确认的公允价值变动损益为80万元

（3）根据资料（1）至资料（4），该项金融资产对2018年营业利润的影响金额为（　　）万元。

A. 80　　B. 120　　C. 36　　D. 76

（4）根据上述资料，甲公司转让该金融资产需要缴纳的增值税为（　　）万元。

A. 12　　B. 11.32　　C. 22　　D. 21.32

（5）根据上述资料，甲公司出售股票时，应确认的投资收益为（　　）万元。

A. 120　　B. 188.68　　C. 148.68　　D. 108.68

2. 某企业为增值税一般纳税人，适用的增值税税率为16%。2018年12月1日，该企业“原材料——甲材料”账户期初结存数量为2 000千克，单位成本为15元，未计提存货跌价准备。12月份发生有关甲材料收发业务或事项如下：

（1）10日，购入甲材料2 020千克，增值税专用发票上注明的价款为32 320元，增值税税额为5 171.2元，销售方代垫运杂费2 680元（不考虑增值税），运输过程中发生合理损耗20千克。材料已验收入库，款项尚未支付。

（2）20日，销售甲材料100千克，开出的增值税专用发票上注明的价款为2 000元，增值税税额为 320 元，材料已发出，并已向银行办妥托收手续。

（3）25 日，本月生产产品耗用甲材料 3 000 千克，生产车间一般耗用甲材料 100 千克。

（4）31 日，采用月末一次加权平均法计算结转发出甲材料成本。

（5）31 日，预计甲材料可变现净值为 12 800 元。

要求：根据上述资料，不考虑其他因素，分析回答下列小题。（答案中的金额单位用元表示，计算结果出现小数的，保留小数点后两位小数。）

（1）根据资料（1），下列各项中，该企业购入甲材料的会计处理结果正确的是（　　）。

A. 甲材料实际入库数量为 2 000 千克

B. 甲材料入库单位成本 17.5 元

C. 甲材料入库总成本 35 000 元

D. 甲材料运输过程中的合理损耗使入库总成本增加 320 元

（2）根据资料（2），下列各项中，该企业销售甲材料的会计处理结果正确的是（　　）。

A. 主营业务收入增加 2 000 元

B. 银行存款增加 2 340 元

C. 应收账款增加 2 320 元

D. 其他业务收入增加 2 000 元

（3）根据资料（3），下列各项中，关于该企业发出材料会计处理的表述正确的是（　　）。

A. 生产产品耗用原材料应计入制造费用

B. 生产产品耗用原材料应计入生产成本

C. 生产车间一般耗用原材料应计入管理费用

D. 生产车间一般耗用原材料应计入制造费用

（4）根据期初资料、资料（1）至资料（4），下列各项中，关于结转销售材料成本的会计处理结果正确的是（　　）。

A. 甲材料加权平均单位成本 15.58 元

B. 主营业务成本增加 1 625 元

C. 其他业务成本增加 1 625 元

D. 甲材料加权平均单位成本 16.25 元

（5）根据期初资料、资料（1）至资料（5），下列各项中，关于该企业 12 月月末原材料的会计处理结果表述正确的是（　　）。

A. 12 月月末应计提存货跌价准备 200 元

B. 12 月月末列入资产负债表“存货”项目的“原材料”金额为 12 800 元

C. 12 月月末甲材料的成本为 13 000 元

D. 12 月月末甲材料成本高于其可变现净值，不计提存货跌价准备

3. 甲公司为增值税一般纳税人，适用的增值税税率为 16%，确认收入的同时结转成本。为促进销售，该公司承诺客户购买 6 000 件产品以上时给予 10% 的商业折扣。2018

年 7 月份，甲公司发生如下经济业务：

（1）10 日，向乙公司销售产品 8 000 件，不含税单价 250 元，单位成本为 150 元，符合收入确认条件，合同规定的现金折扣条件为 2/10，1/20，n/30，计算现金折扣不考虑增值税。21 日收到乙公司支付的购货款项。

（2）25 日，接受丙公司委托为其代销 M 产品 200 件，每件成本为 0.8 万元。合同约定甲公司应按每件不含税售价 1 万元销售 M 产品，按照不含税售价 5% 收取手续费。28 日，甲公司已对外实际销售 M 产品 100 件，开出的增值税专用发票上注明的价款为 100 万元，增值税税额为 16 万元。款项已收存银行。31 日，甲公司向丙公司开具代销清单，同时收到丙公司开具的一张相同金额的增值税专用发票，发票已通过税务机关认证。提供代销服务的甲公司向丙公司开具的增值税专用发票上注明价款为 5 万元，增值税税额为 0.3 万元，甲公司与丙公司之间的结算款项均以银行存款支付。

（3）26 日，收到 6 月份已确认销售收入但因质量问题被退回的 1 000 件产品，该产品不含税单价为 500 元，单位成本为 300 元，之前未收到货款。甲公司同意退货，当日办妥了相关手续，并开具了增值税专用发票（红字）。该批产品在销售时买方已享受商业折扣。

（4）31 日，销售材料一批，开具的增值税专用发票上注明的价款为 20 万元，增值税税额为 3.2 万元，款项已存入银行，该批材料的成本为 16 万元。

要求：根据上述资料，不考虑其他因素，分析回答下列小题。（答案中的金额单位用万元表示，计算结果出现小数的，保留小数点后两位小数）

（1）根据期初资料和资料（1），甲公司 7 月 21 日收到价款时应确认的财务费用是（　　）万元。

A. 1.8　　B. 2.09　　C. 3.6　　D. 4.18

（2）根据资料（2），下列各项中，甲公司受托代销商品会计处理正确的是（　　）。

A. 收到代销商品时：

借：受托代销商品　　160

　　贷：应付账款　　160

B. 对外销售代销商品时：

借：银行存款　　116

　　贷：受托代销商品　　100

　　　　应交税费——应交增值税（销项税额）　　16

C. 支付货款并计算代销手续时：

借：应付账款　　116

　　贷：银行存款　　110.7

　　　　其他业务收入　　5

　　　　应交税费——应交增值税（销项税额）　　0.3

D. 收到丙公司开具的增值税发票时：

借：应付账款　　16

　　贷：应交税费——应交增值税（销项税额）　　16

（3）根据期初资料和资料（3），下列各项中，甲公司发生销售退回时的会计处理表述正确的是（　　）。

A. 冲减增值税销项税额 8 万元　　B. 增加库存商品 30 万元

C. 冲减主营业务收入 45 万元　　D. 冲减主营业务成本 30 万元

（4）根据资料（4），下列各项中，甲公司销售原材料会计处理结果正确的是（　　）。

A. 结转主营业务成本 15 万元　　B. 确认主营业务收入 20 万元

C. 结转其他业务成本 16 万元　　D. 确认其他业务收入 20 万元

（5）根据期初资料和资料（1）至资料（4），影响甲公司 7 月份营业利润的金额是（　　）万元。

A. 54　　B. 52.2　　C. 50　　D. 48.2

全真模拟试题（一）参考答案

▶ 全真模拟试题（二）

一、单项选择题（本类题共 24 小题，每小题 1.5 分，共 36 分。每小题备选答案中，只有一个符合题意的正确答案。多选、错选、不选均不得分。）

1. 下列各项中，属于会计信息质量要求中谨慎性要求的是（　　）。

A. 同一企业在同一时期的相同或相似事项要采用相同的会计政策，不得随意变更

B. 企业要以实际发生的经济业务或者事项为依据进行会计核算

C. 计提应收账款坏账准备

D. 融资租入的固定资产作为企业的自有资产处理

2. 企业以银行存款偿还货款，会引起（　　）。

A. 资产与负债同时增加　　B. 资产与负债同时减少

C. 资产增加负债减少　　D. 资产减少负债增加

3. 下列各项中，属于数量金额式账簿的是（　　）。

A. 库存商品明细账　　B. 短期借款明细账

C. 银行存款明细账　　D. 制造费用明细账

4. 年末，某企业进行现金清查，发现库存现金短缺 3 000 元。经批准，应由出纳员赔偿 1 800 元，其余 1 200 元无法查明原因，由企业承担损失。不考虑其他因素，该业务对企业当期营业利润的影响金额为（　　）元。

A. 0　　B. 1 200　　C. 3 000　　D. 1 800

5. 下列各项中，资产负债表日企业计算确认所持有交易性金融资产的公允价值低于其账面余额的金额，应借记（　　）账户。

A. 营业外支出　　B. 投资收益

C. 公允价值变动损益　　D. 其他业务成本

6. 企业委托加工应税消费品收回后直接对外销售，由受托方代收代缴的消费税应记入(　　)账户。

A. 发出商品　　B. 委托加工物资

C. 税金及附加　　D. 应交税费

7. 某企业2018年6月20日自行建造的一条生产线投入使用，该生产线建造成本为740万元，预计使用年限为5年，预计净残值为20万元。在采用年数总和法计提折旧的情况下，2018年该设备应计提的折旧额为(　　)万元。

A. 240　　B. 140　　C. 120　　D. 148

8. 某企业2017年12月31日存货的账面余额为20 000元，预计可变现净值为19 000元。2018年12月31日存货的账面余额仍为20 000元，预计可变现净值为21 000元。则2018年年末应冲减的存货跌价准备为(　　)元。

A. 1 000　　B. 2 000　　C. 9 000　　D. 3 000

9. 一般纳税人已取得增值税扣税凭证，按照现行增值税制度规定准予从销项税额中抵扣，但尚未经税务机关认证的进项税额，对应的相关账户是(　　)。

A. 应交税费——待认证进项税额

B. 应交税费——待抵扣进项税额

C. 应交税费——待转销项税额

D. 应交税费——应交增值税(进项税额)

10. 企业将自有房屋无偿提供给本企业行政管理人员使用，下列各项中，关于计提房屋折旧的会计处理表述正确的是(　　)。

A. 借记"其他业务成本"账户，贷记"累计折旧"账户

B. 借记"其他应收款"账户，贷记"累计折旧"账户

C. 借记"营业外支出"账户，贷记"累计折旧"账户

D. 借记"管理费用"账户，贷记"应付职工薪酬"账户，同时借记"应付职工薪酬"账户，贷记"累计折旧"账户

11. 2018年1月1日，某股份有限公司未分配利润为100万元，2018年度实现净利润400万元，法定盈余公积的提取率为10%，不考虑其他因素，下列关于盈余公积的账务处理正确的是(　　)。

A. 借：利润分配——提取法定盈余公积　　40
　　贷：盈余公积　　40

B. 借：本年利润——提取法定盈余公积　　40
　　贷：盈余公积　　40

C. 借：本年利润——提取法定盈余公积　　50
　　贷：盈余公积　　50

D. 借：利润分配——提取法定盈余公积　　50
　　贷：盈余公积　　50

12. 下列各项中，关于收入表述不正确的是(　　)。

A. 企业在商品销售后如能够继续对其实施有效控制，则不应确认收入

B. 企业采用交款提货方式销售商品，通常应在开出发票账单并收到货款时确认收入

C. 企业在资产负债表日提供劳务交易结果能够可靠估计的，应采用完工百分比法确认提供劳务收入

D. 企业销售商品相关的已发生或将发生的成本不能可靠计量，但已收到价款的，应按照已收到的价款确认收入

13. 某企业为增值税一般纳税人，适用的增值税税率为16%。2018年11月1日，对外销售M商品20 000件，每件不含增值税销售价格为15元，给予10%的商业折扣，符合收入确认条件。下列各项中，该企业销售商品会计处理正确的是（　　）。

A. 确认应交税费4.8万元　　B. 确认主营业务收入27万元

C. 确认管理费用3万元　　D. 确认财务费用3万元

14. 下列各项中，应通过"营业外支出"账户核算的是（　　）。

A. 采购人员差旅费　　B. 销售部门业务招待费

C. 外币存款汇兑损失　　D. 公益性捐赠支出

15. 下列各项中，不应计入其他业务成本的是（　　）。

A. 经营出租设备计提的折旧额　　B. 出借包装物的成本摊销额

C. 出售过期材料结转的成本　　D. 出售投资性房地产结转的账面价值

16. 某项劳务的开始和完成分属于不同的会计期间，且企业在资产负债表日提供劳务交易结果不能可靠估计。合同总收入200万元，预计总成本150万元，累计发生成本120万元，预计能够收到的价款为115万元，则下列会计处理正确的是（　　）。

A. 确认收入120万元，结转成本120万元

B. 确认收入115万元，结转成本120万元

C. 确认收入200万元，结转成本150万元

D. 确认收入120万元，结转成本150万元

17. 某企业采用实际成本法核算存货。年末结账后，该企业"原材料"账户借方余额为80万元，"工程物资"账户借方余额为16万元，"在途物资"账户借方余额为20万元。不考虑其他因素，该企业年末资产负债表"存货"项目的期末余额为（　　）万元。

A. 100　　B. 116　　C. 96　　D. 80

18. 某企业2018年12月31日"无形资产"账户余额为500万元，"累计摊销"账户余额为100万元，"无形资产减值准备"账户余额为50万元。则该企业2018年12月31日资产负债表中"无形资产"项目的金额为（　　）万元。

A. 500　　B. 400　　C. 350　　D. 450

19. 2018年11月份，某企业确认短期借款利息7.2万元（不考虑增值税），收到银行活期存款利息收入1.5万元，开具银行承兑汇票支付手续费0.5万元（不考虑增值税）。不考虑其他因素，11月份企业利润表中"财务费用"项目的本期金额为（　　）万元。

A. 5.7　　B. 5.2　　C. 7.7　　D. 6.2

20. 某企业M产品完工产品数量150件，在产品数量50件，平均完工程度40%，发生的生产总费用为173 400元，原材料随生产过程陆续投入，采用约当产量法分配完工产品和在产品的成本，期末M产品完工产品的成本是（　　）元。

A. 153 000　　B. 104 400　　C. 69 360　　D. 130 500

21. 企业各项消耗定额或成本定额比较准确、稳定,而且各月月末在产品数量变化不是很大,应选择的分配生产费用的方法是(　　)。

A. 在产品按所耗直接材料成本计价法　　B. 约当产量比例法

C. 在产品按定额成本计价法　　D. 定额比例法

22. 下列各项中,不属于辅助生产费用的分配方法的有(　　)。

A. 顺序分配法　　B. 交互分配法

C. 代数分配法　　D. 机器工时比例法

23. 下列各项中,属于事业收入的是(　　)。

A. 接受捐赠收入　　B. 现金盘盈收入

C. 开展专业业务活动取得的收入　　D. 银行存款利息收入

24. 政府单位年末"所得税费用"转入(　　)。

A. 本期盈余　　B. 本年盈余

C. 本年盈余分配　　D. 本期盈余分配

二、多项选择题(本类题共 12 小题,每小题 2 分,共 24 分。每小题备选答案中,有两个或两个以上符合题意的正确答案。多选、少选、错选、不选均不得分。)

1. 以下属于通用原始凭证的有(　　)。

A. 增值税发票　　B. 差旅费报销单

C. 商业汇票　　D. 支票

2. 下列各项中,企业必须进行财产全面清查的有(　　)。

A. 股份制改造前　　B. 单位改变隶属关系前

C. 单位主要领导人离任交接前　　D. 清产核资前

3. 下列各项,应计入企业外购存货入账价值的有(　　)。

A. 小规模纳税企业购进原材料支付的增值税

B. 一般纳税企业进口应税消费品支付的消费税

C. 为特定客户设计产品发生的可直接确定的设计费用

D. 运输途中的合理损耗

4. 关于"预付账款"账户,下列说法正确的有(　　)。

A. "预付账款"属于资产性质的账户

B. 预付货款不多的企业,可以不单独设置"预付账款"账户,将预付的货款记入"应付账款"账户的借方

C. "预付账款"账户贷方余额反映的是应付供货单位的款项

D. "预付账款"账户只核算企业因销售业务产生的往来款项

5. 下列各项中,应通过"应交税费"账户核算的有(　　)。

A. 增值税一般纳税人购进固定资产应支付的增值税进项税额

B. 为企业员工代扣代缴的个人所得税

C. 交纳的耕地占用税

D. 交纳的印花税

6. 下列各项中，会导致企业实收资本增加的有（　　）。

A. 盈余公积转增资本　　B. 接受非流动资产捐赠

C. 资本公积转增资本　　D. 接受投资者追加投资

7. 下列各项中，关于在同一会计期间内开始并完成劳务的会计处理表述正确的有（　　）。

A. 对于一次完成的劳务，应在提供劳务交易完成时确认劳务收入

B. 对于持续一段时间但在同一会计期间内开始并完成的劳务，应在为提供劳务发生相关支出时确认劳务成本

C. 对于一次完成的劳务，应在提供劳务交易完成时确认相关劳务成本

D. 对于持续一段时间但在同一会计期间内开始并完成的劳务，应在提供劳务开始时确认劳务收入

8. 下列各项中，企业应计入营业外支出的有（　　）。

A. 发生的排污费　　B. 固定资产盘亏损失

C. 公益性捐赠支出　　D. 行政罚款支出

9. 下列关于我国企业资产负债表的表述正确的有（　　）。

A. 资产项目按照重要性排列

B. 资产项目按照流动性大小排列

C. 负债项目按照清偿时间的先后顺序排列

D. 资产负债表的编制依据是“资产 = 负债 + 所有者权益”

10. 下列各项中，属于内部环境内容的有（　　）。

A. 组织架构　　B. 管理模式

C. 信息系统　　D. 资源

11. 下列关于停工损失的说法正确的有（　　）。

A. 包括停工期间发生的原材料费用、人工费用和制造费用

B. 不单独核算停工损失的企业，只能在“营业外支出”账户中反映停工损失

C. “停工损失”账户月末无余额

D. 辅助生产一般不单独核算停工损失

12. 下列各项中，应通过应缴财政款核算的有（　　）。

A. 应缴国库的款项　　B. 为职工缴纳的社保

C. 应缴财政专户的款项　　D. 代扣代缴的个人所得税

三、判断题（本类题共 10 小题，每小题 1 分，共 10 分。每小题答题正确的得 1 分，答题错误的扣 0.5 分，不答题的不得分也不扣分，本类题最低得分为 0 分。）

1. 无法查明原因的现金溢余，应冲减“管理费用”账户。（　　）

2. 企业因自然灾害造成的损失，扣除残料价值和应由保险公司赔偿后的净损失计入营业外支出。（　　）

3. 预收货款业务不多的企业，可以不单独设置“预收账款”账户，所预收的货款可以通过

"应收账款"账户核算。 ( )

4. 除投资合同或协议约定价值不公允的以外,企业接受投资者作为资本投入的固定资产,应按投资合同或协议的约定价值确定其入账价值。 ( )

5. 已完成销售手续、但购买方在当月尚未提取的产品,不再属于销售方的库存商品。 ( )

6. 期末,销售费用、管理费用和财务费用均无余额。 ( )

7. 企业一年内将到偿还期的长期借款,应列入资产负债表长期借款项目。 ( )

8. 交互分配法的特点是辅助生产费用通过一次分配即可完成,减轻分配工作量。( )

9. 废品损失包括生产过程中发生的和入库后发现的不可修复废品的生产成本,以及可修复废品的修复费用,扣除回收废品残料价值和应收赔偿款后的损失。 ( )

10. 业务活动费用是指单位为实现其职能目标,依法履职或开展专业业务活动及其辅助活动所发生的各项费用。 ( )

四、不定项选择题(本类题共3大题,每大题有5个小题,每小题2分,共30分,每小题备选答案中有一个或一个以上符合题意的正确答案。每小题全部选对得满分,少选得相应分值,多选、错选、不选均不得分。)

1. 2019年,甲有限责任公司(以下简称"甲公司")发生有关经济业务如下:

(1)1月10日,接受乙公司作为资本投入的M非专利技术,投资合同约定价值为300万元(与公允价值一致),取得的增值税专用发票上注明的价款为300万元,增值税税额为18万元,该出资在甲公司注册资本中享有份额的金额为250万元。合同规定M非专利技术的受益年限为10年。该非专利技术用于行政管理,采用直线法进行摊销。

(2)1月15日,开始自行研发一项N专利技术,1月至4月发生不符合资本化条件的研究支出320万元,5月至10月共发生开发支出800万元,其中符合资本化条件的支出为600万元,取得的增值税专用发票上注明增值税税额为96万元。10月31日,N专利技术达到预定用途,并直接用于产品的生产,其有效期为10年,采用直线法进行摊销。

(3)11月5日,为宣传应用N专利技术生产的新产品,以银行存款支付广告费,取得的增值税专用发票上注明的价款为10万元,增值税税额为0.6万元。

(4)12月26日,公司经营战略调整,将M非专利技术出售,取得的增值税专用发票上注明的价款为260万元,增值税税额为15.6万元,款项275.6万元已存入银行。该非专利技术已计提摊销额27.5万元。未计提资产减值准备。

要求:根据上述资料,不考虑其他因素,分析回答下列小题。(答案中的金额单位用万元表示)

(1)根据资料(1),下列各项中,关于接受M非专利技术作为资本投入的会计处理表述正确的是( )。

A. 确认盈余公积50万元　　B. 确认无形资产300万元

C. 确认实收资本250万元　　D. 确认资本公积68万元

(2)根据资料(2),下列各项中,甲公司关于N专利技术会计处理正确的是( )。

A. 无形资产按月摊销时:

借：制造费用　　5
　贷：累计摊销　　5

B. 无形资产按月摊销时：

借：管理费用　　5
　贷：累计摊销　　5

C. 10 月 31 日，研发活动结束确认无形资产时：

借：无形资产　　600
　贷：研发支出——资本化支出　　600

D. 10 月 31 日，研发活动结束确认无形资产时：

借：无形资产　　800
　贷：研发支出——资本化支出　　800

（3）根据资料（3），下列各项中，支付广告宣传费对甲公司财务状况和经营成果的影响是（　　）。

A. 管理费用增加 10 万元　　B. 无形资产增加 10 万元
C. 营业利润减少 10 万元　　D. 销售费用增加 10 万元

（4）根据资料（1）和资料（4），下列各项中，关于甲公司出售 M 非专利技术对当期损益影响表述正确的是（　　）。

A. 其他业务成本增加 12.5 万元　　B. 营业利润减少 12.5 万元
C. 资产处置损益借方增加 12.5 万元　　D. 利润总额减少 12.5 万元

（5）根据资料（1）至资料（4），上述业务对该公司 2019 年度管理费用账户的影响金额为（　　）万元。

A. 547.5　　B. 542.5　　C. 42.5　　D. 27.5

2. 某企业设有供电和供水两个辅助生产车间，为基本生产车间和管理部门等提供服务，根据“辅助生产成本”汇总的资料，供电、供水车间本月发生费用分别为 30 000 元和 15 000 元。两个辅助生产车间供应产品和劳务数量如下表所示：

辅助生产车间供应产品和劳务数量表

受益单位		供电数量 / 千瓦时	供水数量 / 立方米
基本生产车间		10 000	9 000
辅助生产车间	供电车间		2 500
	供水车间	2 000	
行政管理部门		3 000	1 000
合计		15 000	12 500

假设该企业采用顺序分配法进行辅助生产费用的分配。

要求：根据上述资料，不考虑其他因素，分析回答下列小题。（答案中的金额单位用元表示）

（1）下列关于顺序分配法的说法，正确的是（　　）。

A. 分配辅助生产费用的顺序是：受益少的先分配，受益多的后分配

B. 分配辅助生产费用的顺序是：受益多的先分配，受益少的后分配

C. 供电车间应先分配费用

D. 供水车间应先分配费用

（2）供电车间应负担的供水车间的费用为（　　）元。

A. 0　　B. 3 000　　C. 4 000　　D. 3 450

（3）应对基本生产车间和行政管理部门分配的供水车间的辅助生产费用为（　　）元。

A. 15 000　　B. 0　　C. 19 000　　D. 18 000

（4）基本生产车间应负担的辅助生产车间费用为（　　）元。

A. 12 000　　B. 20 000　　C. 33 680　　D. 37 100

（5）行政管理部门应负担的辅助生产车间费用为（　　）元。

A. 3 000　　B. 7 520　　C. 7 900　　D. 3 850

3. 某制造企业大量生产甲、乙两种产品。该企业采用品种法计算产品成本，适用的增值税税率为16%。2018年5月份，该企业发生的有关经济业务如下：

（1）5月份开始生产甲、乙产品，当月投产甲产品270件，耗用材料4 800千克；投产乙产品216件，耗用材料4 000千克。材料每千克成本为40元，原材料按生产进度陆续投入。

（2）5月份发生生产工人薪酬100 000元，总部管理人员薪酬30 000元；制造费用80 000元。期末按生产工时比例在甲、乙产品之间分配职工薪酬和制造费用。当月，甲、乙产品的生产工时分别为600小时、400小时。

（3）月末，按约当产量法在完工产品和在产品之间分配材料费用、职工薪酬和制造费用。当月甲产品完工230件，月末在产品40件，在产品完工进度为50%；乙产品完工184件，月末在产品32件，在产品完工程度为50%。

（4）本月发出甲产品200件，其中，销售甲产品150件（符合收入确认条件），每件不含税售价为1 500元，与计税价格一致；50件用于企业仓库建设，该工程尚未完工。

要求：根据上述资料，不考虑其他因素，分析回答下列小题。（答案中的金额用元表示）

（1）根据资料（1），下列各项中，关于甲、乙产品耗用材料会计处理表述正确的是（　　）。

A. 生产产品领用材料时，借记“制造费用”账户，贷记“原材料”账户

B. 生产产品领用材料时，借记“生产成本”账户，贷记“原材料”账户

C. 甲产品的材料费用为192 000元

D. 乙产品的材料费用为160 000元

（2）根据资料（2），下列各项中，关于甲产品分配职工薪酬和制造费用结果正确的是（　　）。

A. 职工薪酬为78 000元　　B. 制造费用为66 000元

C. 制造费用为48 000元　　D. 职工薪酬为60 000元

（3）根据资料（1）至资料（3），下列各项中，关于甲完工产品成本计算正确的是（　　）。

A. 直接人工为 55 200 元　　B. 直接材料为 176 640 元

C. 产品成本总额为 276 000 元　　D. 制造费用为 44 160 元

（4）根据资料（3），该企业在确定是否采用约当产量比例法时，应考虑的因素是（　　）。

A. 各项成本比重大小　　B. 在产品数量多少

C. 定额管理基础好坏　　D. 各月在产品数量变化大小

（5）根据资料（1）至资料（4），下列各项中，关于企业的 5 月份财务报表中的相关项目计算正确的是（　　）。

A. 资产负债表“固定资产”项目本期增加 60 000 元

B. 资产负债表“在建工程”项目本期增加 60 000 元

C. 利润表“营业收入”项目本期增加 225 000 元

D. 利润表“营业成本”项目本期增加 180 000 元

全真模拟试题（二）
参考答案

▶ 全真模拟试题（三）

一、单项选择题（本类题共 24 小题，每小题 1.5 分，共 36 分。每小题备选答案中，只有一个符合题意的正确答案。多选、错选、不选均不得分。）

1. 企业应当按照交易或者事项的经济实质进行会计确认、计量和报告，不仅仅以交易或者事项的法律形式为依据，其所体现的会计信息质量要求是（　　）。

A. 可靠性　　B. 实质重于形式

C. 可比性　　D. 谨慎性

2. 2018 年 8 月 31 日，某企业负债总额为 500 万元，9 月份收回应收账款 60 万元，以银行存款归还短期借款 40 万元，预收客户货款 20 万元。不考虑其他因素，2018 年 9 月 30 日该企业负债总额为（　　）万元。

A. 440　　B. 480　　C. 460　　D. 380

3. 会计人员在审核原始凭证时发现有一张外来原始凭证金额出现错误，其正确的更正方法是（　　）。

A. 由经办人员更正，并报单位负责人批准

B. 由出具单位更正，并在更正处加盖公章

C. 由审核人员更正，并报会计机构负责人审批

D. 由出具单位重新开具

4. 企业将款项汇往外地开立采购专用账户时，应借记（　　）账户。

A. 材料采购
B. 在途物资
C. 预付账款
D. 其他货币资金

5. 对于银行已经收款而企业尚未入账的未达账项，企业应作的处理为（ ）。

A. 以“银行对账单”为原始凭证将该业务入账
B. 根据“银行存款余额调节表”和“银行对账单”自制原始凭证入账
C. 在编制“银行存款余额调节表”的同时入账
D. 待有关结算凭证到达后入账

6. 甲公司为增值税一般纳税人，2019 年 2 月 1 日，甲公司购入乙公司发行的公司债券，支付价款 600 万元，其中包括已到付息期但尚未领取的债券利息 12 万元，另支付相关交易费用 3 万元，取得增值税专用发票上注明的增值税税额为 0.18 万元。甲公司将其划分为交易性金融资产进行核算，该项交易性金融资产的入账金额为（ ）万元。

A. 603
B. 591
C. 600
D. 588

7. 对于价值较低或极易损坏的低值易耗品，应采用的摊销方法是（ ）。

A. 五五摊销法
B. 分次摊销法
C. 一次转销法
D. 计划成本法

8. 下列各项中，关于无形资产摊销表述不正确的是（ ）。

A. 使用寿命不确定的无形资产不应摊销
B. 出租无形资产的摊销额应计入管理费用
C. 使用寿命有限的无形资产处置当月不再摊销
D. 无形资产的摊销方法主要有直线法和生产总量法等

9. 关于固定资产清查，下列说法中不正确的是（ ）。

A. 盘盈固定资产应作为前期差错处理
B. 盘盈的固定资产，应按重置成本确定入账价值
C. 盘盈的固定资产应通过“以前年度损益调整”账户进行核算
D. 盘亏的固定资产应通过“固定资产清理”账户进行核算

10. 企业开具银行承兑汇票到期而无力支付票款，应按该票据的账面余额贷记（ ）账户。

A. 应付账款
B. 其他货币资金
C. 短期借款
D. 其他应付款

11. 下列各项中，不属于其他长期职工福利的是（ ）。

A. 长期带薪缺勤
B. 长期残疾福利
C. 长期利润分享计划
D. 离职后福利

12. 下列各项中，不通过所有者权益类账户核算的是（ ）。

A. 固定资产毁损的净损失
B. 接受投资者投入的货币资金
C. 发行的股票产生的溢价
D. 提取的法定盈余公积

13. 发出不符合收入确认条件的商品时，应借记（ ）账户。

A. 主营业务成本
B. 库存商品
C. 发出商品
D. 在途物资

14. 甲企业销售库存商品一批，收到价款200万元，该批商品成本170万元，已提存货跌价准备35万元，应结转销售成本（　　）万元。

A. 135　　B. 165　　C. 170　　D. 205

15. 关于表结法的下列表述中，正确的是（　　）。

A. 月末需要将损益类账户结转入“本年利润”账户

B. 不需要结计损益类账户本月发生额

C. 需要结计损益类账户本月月末累计余额

D. 工作量较账结法要大

16. 2019年4月，某公司发生行政管理部门工资50万元，诉讼费5万元，销售商品时发生的装卸费价税合计3万元，银行汇票手续费2万元，计入管理费用的金额是（　　）万元。

A. 55　　B. 50　　C. 60　　D. 58

17. 下列各项中，不属于企业利润表项目的是（　　）。

A. 综合收益总额　　B. 未分配利润

C. 每股收益　　D. 公允价值变动收益

18. 编制利润表的主要依据是（　　）。

A. 资产、负债及所有者权益各账户的本期发生额

B. 资产、负债及所有者权益各账户的期末余额

C. 损益类各账户的本期发生额

D. 损益类各账户的期末余额

19. 2019年1月1日，甲公司租用一层写字楼作为办公场所，租赁期限为3年，每年1月1日支付租金20万元，共支付3年。该租金支付形式属于（　　）。

A. 普通年金　　B. 预付年金

C. 递延年金　　D. 永续年金

20. 某企业生产甲、乙两种产品，耗用直接原材料15万元，车间管理人员薪酬3万元，车间设备计提折旧9万元，各项生产费用按照工时在甲、乙产品之间分配，甲、乙产品耗费工时分别为100小时、50小时，则甲产品应分配的生产费用为（　　）万元。

A. 4　　B. 8　　C. 9　　D. 18

21. 下列各项中，适用于单件、小批生产企业的产品成本计算方法是（　　）。

A. 分批法　　B. 逐步结转分步法

C. 品种法　　D. 平行结转分步法

22. 下列各项中，属于政府预算会计要素的是（　　）。

A. 净资产　　B. 预算结余

C. 所有者权益　　D. 利润

23. 实行国库集中支付的事业单位，对于应收财政下年度返还的资金额度，应当借记的会计账户是（　　）。

A. 应缴国库款　　B. 其他应收款

C. 财政应返还额度　　D. 应收账款

24. 下列各项中，不属于政府会计主体的是（　　）。

A. 各级政府　　B. 各部门

C. 民间非营利组织红十字会　　D. 各单位

二、多项选择题（本类题共 12 小题，每小题 2 分，共 24 分。每小题备选答案中，有两个或两个以上符合题意的正确答案。多选、少选、错选、不选均不得分。）

1. 以下选项中属于平行登记规则要点的有（　　）。

A. 金额相等　　B. 期间一致

C. 方向一致　　D. 依据不同

2. 以下属于财务报表构成内容的有（　　）。

A. 资产负债表　　B. 利润表

C. 会计报表附注　　D. 财务情况分析

3. 影响固定资产折旧金额的因素主要有（　　）。

A. 固定资产原价　　B. 固定资产减值准备

C. 固定资产使用寿命　　D. 固定资产预计净残值

4. 存货计价方法包括（　　）。

A. 先进先出法　　B. 个别计价法

C. 后进先出法　　D. 加权平均法

5. 对小规模纳税企业，下列说法中正确的有（　　）。

A. 小规模纳税企业销售货物或者提供应税劳务，一般情况下，只能开具普通发票，不能开具增值税专用发票

B. 小规模纳税企业销售货物或提供应税劳务，实行简易办法计算应纳税额，按照不含税销售额的一定比例计算征收

C. 小规模纳税企业在“应交增值税”明细科目下应设置“已交税金”等专栏

D. 小规模纳税企业购入货物取得增值税专用发票，其支付的增值税税额可计入进项税额，并由销项税额抵扣，而不计入购入货物的成本

6. 甲公司委托 A 证券公司代理发行普通股 3 000 万股，每股面值 1 元，按每股 1.02 元的价格发行。甲公司与 A 证券公司约定，A 证券公司按发行收入的 3% 收取手续费，从发行收入中扣除，甲公司的资本公积账户余额为 100 万元，均是发行股票产生的溢价收入。收到的股款已存入银行。则下列处理不正确的有（　　）。

A. 增加银行存款 3 060 万元　　B. 增加股本 3 000 万元

C. 冲减资本公积 91.8 万元　　D. 增加资本公积 31.8 万元

7. 确定劳务完工进度的方法有（　　）。

A. 已收到劳务款占合同总劳务款的比例

B. 由专业测量师对已经提供的劳务进行测量

C. 预计能收回金额占估计总成本的比例

D. 已经发生的劳务成本占估计总成本的比例

8. 下列各项中，既影响营业利润又影响利润总额的业务有（　　）。

A. 计提存货跌价准备
B. 转销确实无法支付的应付账款
C. 出售单独计价包装物取得的收入
D. 转让股票所得收益

9. 下列项目中，上市公司应在其财务报表附注中披露的有（　　）。
A. 企业的基本情况
B. 遵循企业会计准则的声明
C. 会计政策和会计估计变更以及差错更正的说明
D. 企业的业务性质和主要经营活动

10. 工业企业设置的成本项目包括（　　）。
A. 直接材料
B. 直接人工
C. 制造费用
D. 材料成本

11. 下列各项中，关于运用产品成本计算方法的表述正确的有（　　）。
A. 同一产品不同成本项目必须采用相同的成本计算方法
B. 同一产品不同生产步骤必须采用相同的成本计算方法
C. 同一企业不同车间可以采用不同的成本计算方法
D. 同一车间不同产品可以采用不同的成本计算方法

12. 关于政府单位净资产业务的核算，下列说法中正确的有（　　）。
A. “以前年度盈余调整”账户的余额应转入“本期盈余”账户
B. 专用基金主要包括职工福利基金、科技成果转换基金等
C. 本期盈余是指单位本期各项收入、费用相抵后的余额
D. 政府单位应在年末将“无偿调拨净资产”账户余额全部转入累计盈余，结账后，该账户应无余额

三、判断题（本类题共 10 小题，每小题 1 分，共 10 分。每小题答题正确的得 1 分，答题错误的扣 0.5 分，不答题的不得分也不扣分，本类题最低得分为 0 分。）

1. 企业确实无法收回的应收款项经批准作为坏账损失时，一方面冲减应收款项，另一方面确认信用减值损失。（　　）
2. 存货的可变现净值即为市场的销售价格。（　　）
3. “应付票据”只能用于核算企业购买材料、商品和接受劳务供应等而开出的银行承兑汇票。（　　）
4. 企业溢价发行股票发生的相关手续费、佣金等交易费用，应计入财务费用。（　　）
5. 对于一次就能完成的劳务，企业应在提供劳务完成时确认收入及相关成本。（　　）
6. 企业年末将损益类账户结转后，“本年利润”账户的借方余额表示实现的净利润，贷方余额表示发生的净亏损。（　　）
7. 增值税税额不直接影响利润表中的“税金及附加”项目。（　　）
8. 管理会计应用主体视管理决策主体确定，可以是单位整体，也可以是单位内部决策中心。（　　）
9. 对于辅助生产费用的归集，必须先通过“制造费用”账户，然后再转入“辅助生产成本”。（　　）

10. 政府单位财务报表的编制主要以收付实现制为基础，以单位财务会计核算生成的数据为准。（　　）

四、不定项选择题（本类题共 3 大题，每大题有 5 个小题，每小题 2 分，共 30 分，每小题备选答案中有一个或一个以上符合题意的正确答案。每小题全部选对得满分，少选得相应分值，多选、错选、不选均不得分。）

1. 甲股份有限公司（以下简称甲公司）为增值税一般纳税人，适用增值税税率为16%。2018 年 1 月 1 日，所有者权益总额为 10 000 万元，其中股本 6 000 万元，资本公积 1 000 万元，盈余公积 1 200 万元，未分配利润 1 800 万元。2018 年度甲公司发生如下经济业务：

（1）M 投资者投入自产产品一批，双方确认的价值为 540 万元，公允价值为 560 万元，取得的增值税专用发票上注明的增值税税额为 89.6 万元。同时甲公司增加股本 400 万元，相关法律手续已办妥。

（2）经股东大会决议，并报有关部门核准，甲公司增发普通股 600 万股，每股面值 1 元，每股发行价格 5 元，按照发行收入的 2% 向证券公司支付发行费。发行款已全部收到并存入银行。

（3）因扩大经营规模需要，经股东大会批准，甲公司将盈余公积 360 万元转增股本。

（4）结转本年实现净利润 800 万元。

（5）按税后利润的 10% 提取法定盈余公积。

（6）向投资者宣告分配现金股利 100 万元。

（7）将“利润分配——提取法定盈余公积”“利润分配——应付现金股利”明细账户余额结转至“利润分配——未分配利润”账户。

要求：根据上述资料，不考虑其他因素，分析回答下列小题。（答案中的金额单位用万元表示）

（1）根据资料（1），下列账务处理的表述中正确的有（　　）。

A. 确认产品的入账价值为 540 万元

B. 确认产品的入账价值为 560 万元

C. 确认“资本公积——股本溢价”249.6 万元

D. 确认“资本公积——股本溢价”229.6 万元

（2）根据资料（2），下列账务处理的表述中不正确的有（　　）。

A. 银行存款增加 2 940 万元　　B. 资本公积增加 2 340 万元

C. 财务费用增加 60 万元　　D. 资本公积增加 2 400 万元

（3）根据上述资料，甲公司年末股本的账面余额为（　　）万元。

A. 6 960　　B. 7 360　　C. 7 000　　D. 6 760

（4）根据上述资料，甲公司年末资本公积的账面余额为（　　）万元。

A. 3 589.6　　B. 2 340　　C. 2 589.6　　D. 3 340

（5）根据上述资料，下列关于甲公司的说法中，正确的有（　　）。

A. 甲公司年末未分配利润的账面余额为 2 420 万元

B. 甲公司年末盈余公积的账面余额为 840 万元

C. 甲公司年末所有者权益的总额为 14 289.6 万元

D. 甲公司年末盈余公积的账面余额为 920 万元

2. 甲企业为增值税一般纳税人，适用的增值税税率为 16%，商品销售价格均不含增值税。确认收入的同时，结转其销售成本。2018 年 11 月，该企业发生的经济业务如下：

（1）1 日，向乙企业销售一批商品，增值税专用发票注明的价款为 80 万元，增值税税额为 12.8 万元。实际成本为 35 万元。商品已发出，收到客户开具的商业承兑汇票结清全部款项。

（2）5 日，采用托收承付结算方式向丙企业销售一批商品。增值税专用发票注明的价款为 1 000 万元，增值税税额为 160 万元，实际成本为 800 万元，为客户代垫运输费 5 万元（不考虑增值税）。全部款项已办妥托收手续。

（3）10 日，向丁企业赊销一批商品，增值税专用发票注明的价款为 40 万元，增值税税额为 6.4 万元，实际成本为 22 万元。销售合同规定的现金折扣条件为 2/10，1/20，n/30。计算现金折扣不考虑增值税。18 日，收到结算销售款项并存入银行。

（4）25 日，收到丁企业退回本月 10 日购买的全部商品，同时向丁企业开具了红字增值税专用发票，并退回相关款项。

要求：根据上述资料，不考虑其他因素，分析回答下列小题。（答案中的金额单位用万元表示）

（1）根据资料（1），下列各项中，甲企业向乙企业销售商品会计处理表述正确的是（　　）。

A. 确认主营业务收入 80 万元　　B. 结转主营业务成本 35 万元

C. 确认应收票据 92.8 万元　　D. 确认应收账款 92.8 万元

（2）根据资料（2），甲企业向丙企业销售商品应确认的应收账款为（　　）万元。

A. 1 000　　B. 1 160　　C. 1 165　　D. 1 005

（3）根据资料（3），下列各项中，甲企业向丁企业销售商品的会计处理正确的是（　　）。

A. 收到客户款项时：

借：银行存款	45.6	
财务费用	0.8	
贷：应收账款		46.4

B. 确认销售商品收入时：

借：应收账款	46.4	
贷：主营业务收入		40
应交税费——应交增值税（进项税额）		6.4

C. 结转销售商品成本时：

借：主营业务成本	22	
贷：库存商品		22

D. 收到客户款项时：

借：银行存款 45.6

销售费用 0.8

贷：应收账款 46.4

（4）根据资料（3）和资料（4），下列各项中，甲企业收到丁企业退回商品的会计处理结果正确的是（　　）。

A. 应交税费减少 6.4 万元

B. 财务费用减少 0.8 万元

C. 应收账款减少 46.4 万元

D. 主营业务成本增加 22 万元

（5）根据资料（1）至资料（4），甲企业销售业务对其 2018 年 11 月利润表“营业利润”项目本期金额的影响是（　　）万元。

A. 262.2　　B. 240　　C. 245　　D. 263

3. 某企业仅生产 M 产品，采用约当产量比例法在完工产品和月末在产品之间分配生产费用。M 产品生产需要经过三道工序，各工序的工时定额分别为：第一道工序 30 小时，第二道工序 18 小时，第三道工序 12 小时，假定各工序内在产品的完工程度均为 50%，生产 M 产品的直接材料进度与产品的加工进度完全一致。2018 年年初，M 产品在产品期初成本项目为：直接材料 652 万元，直接人工 326 万元，制造费用 789 万元，该企业 2018 年 1 月份发生的 M 产品生产业务资料如下：

（1）3 日，生产 M 产品耗用材料 200 万千克，生产车间一般耗用原材料 1 万千克，销售部门耗用原材料 1 万千克，行政管理部门耗用原材料 1 万千克，原材料平均成本为 10 元 / 千克。

（2）31 日，计算分配职工薪酬，其中：M 产品生产工人薪酬为 1 000 万元，车间管理人员薪酬为 300 万元，销售人员薪酬为 80 万元，行政管理人员薪酬为 30 万元。

（3）31 日，计提生产车间机器设备折旧费 500 万元，车间厂房折旧费 390 万元，销售部门固定资产折旧费 600 万元，行政管理部门固定资产折旧费 400 万元。

（4）31 日，M 产品完工 2 300 件，第一道工序在产品 2 300 件，第二道工序在产品 400 件，第三道工序在产品 200 件。

要求：根据上述资料，不考虑其他因素，分析回答下列小题。（答案中的金额单位用万元表示，计算结果保留两位小数）

（1）根据期初资料，下列各项中，关于各工序在产品完工程度计算结果正确的是（　　）。

A. 第三道工序在产品的完工程度为 90%

B. 第一道工序在产品的完工程度为 50%

C. 第二道工序在产品的完工程度为 65%

D. 第一道工序在产品的完工程度为 25%

（2）根据资料（1），下列各项中，关于该企业耗用材料的会计处理结果正确的是（　　）。

A. 借记“管理费用”账户 10 万元　　B. 借记“生产成本”账户 2 000 万元

C. 借记“制造费用”账户 10 万元　　D. 借记“销售费用”账户 10 万元

（3）根据期初资料和资料（1）至资料（3），下列各项中，关于该企业 M 产品生产费用归集结果正确的是（　　）。

A. 直接人工费用总额为 1 326 万元　　B. 直接人工费用总额为 1 626 万元

C. 制造费用总额为 1 989 万元　　D. 直接材料费用总额为 2 652 万元

（4）根据期初资料和资料（4），下列各项中，关于该企业在产品的约当产量计算结果正确的是（　　）。

A. 1 610 件　　B. 1 015 件　　C. 1 035 件　　D. 3 315 件

（5）根据期初资料和资料（1）至资料（4），下列各项中，关于该企业产品成本计算结果正确的是（　　）。

A. 完工产品成本为 4 140 万元　　B. 完工产品单位成本为 1.8 万元

C. 在产品成本为 1 827 万元　　D. 生产成本合计为 5 967 万元

全真模拟试题（三）
参考答案

欢迎访问职业教育数字化学习中心——“智慧职教”(www.icve.com.cn)，以前未在本网站注册的用户，请先注册。用户登录后，在首页搜索本书对应课程“初级会计实务”进行在线学习。

资源服务电子邮箱：songchen@hep.com.cn　咨询电话：(010)58581854

欢迎加入高教社高职会计研讨资源服务QQ群：708994051